阅读 你的生活

BEYOND HISTORY

THE METHODS OF PREHISTORY

如何探究
史前史

【加】布鲁斯·G.特里格————著
（Bruce G. Trigger）

陈 淳————译

中国人民大学出版社
·北京·

译者序

加拿大考古学家布鲁斯·G. 特里格（Bruce G. Trigger）1968 年出版的《如何探究史前史》（*Beyond History：The Methods of Prehistory*）是作为一本考古学教材而撰写的，距今已经有 53 年。但是，这本书对于当下我国考古学研究的借鉴意义仍然没有过时。这本书的写作时间正是欧美考古学范式从文化历史学完成了向过程考古学的过渡之际，其中涉及的内容同时涉及文化历史考古学和过程考古学的阐释问题。由于我国考古学目前主要采用的仍是文化历史学的范式，考古学专业的基本训练与课程还是集中在田野发掘和材料整理上，对于至关重要的材料解释并没有系统的方法论训练和适当的教材。所以，这本书的出版对于我国考古学课程补上材料解释的专业训练还是很有帮助的。

虽然柴尔德（Childe）被誉为"考古学非常罕见的伟大综述者"，但欧美考古学界对材料解释的重视要到 1960 年代才开始发展起来。柴尔德在 1956 年出版的《历史的重建：考古材料的阐释》(*Piecing Together The Past*：*The Interpretation of Archaeological Data*) 一书中指出，在各种考古学著作中，对考古技术的介绍可谓具体而详细，而对考古材料中信息的提取，在理论和方法上还缺乏综合性、系统性的研究。结果，考古学家在解释甚至判断其基本材料时，难免做出鲜有明证的奇特假设。特里格也指出，考古学研究和历史重建存在一个非同寻常的空白，就是没有专门讨论史前考古材料解释问题的专著。应对材料解释的技巧构成了有别于考古材料处理的技能和方法，而这种解释和历史重建要比我们在意与承认的更加困难。他指出，考古学家对材料所能做出的各种不同解释并不挂怀。而对于各种解释难以把握的这样一门学科而言，完善这种另类解释是至关重要的。而《如何探究史前史》一书的宗旨，正是试图厘清考古材料解释中所涉及的各种基本问题，为考古学解释的训练提供一种科学的方法。

一

1950 年代，英国考古学界倾向于将史前考古材料的采集和解释加以两分。材料的收集和初步分析被看作田野考古学家的工作，但对材料的解释和综述则是史前学家的任务。尽管同意考古材料的整合与综述是两种不同类型的操作，但美国学界在两者之间并没有做明确的划分，而是将材料采集和解释看作理论、方法、实践的一体化过程。柴尔德被看作史前学家中的杰出代表，他在

《回顾》（"Retrospect"）一文中提到，他对史前学最富原创性和最有用的贡献不是出色的发掘，不是从博物馆藏品中发现新的材料，也不是构建精密的年代学框架或提出富有创见的文化定义，而是提出阐释性的概念和解释的方法。像美国和其他许多国家一样，我国在这两者之间并无区分，史前研究都是由考古学家自己进行的。1983 年由半坡博物馆创办的《史前研究》杂志可以被看作在考古材料解释上做出先驱性努力的一种尝试。当下考古学的发展越来越强调田野工作要有明确的目的，要回答有关过去的特定问题，这构成了考古学理论、方法和材料三个方面密切相关的学科动态本质。

今天，中国考古学大抵还是一门侧重于发掘和器物分类的技术，以准确和规范的发掘、精确的记录和样本采集，以及精致的类型学分析和描述为特点。长期以来，专业杂志要求研究报告只介绍具体发现，不提倡任何科学的解释，这使得考古学研究成了照章办事的刻板操作。撰写的成果也流于形式，成为罗列出土标本的目录单。还有人认为，考古学是提供材料的学科，如何进行解释是其他人的事情。甚至有学者认为，考古学是客观的学科，考古学家不应该对材料随意做出主观的解释，而应该让材料自己说话。结果，大部分考古学家所做的工作只是"干考古"的技术活而已。考古材料解释的缺位，使得我们的考古工作成为一种物质材料的积累，并未相应地增进我们对过去人群、社会和文化的深入了解。

现在我们明白，考古材料的收集整理与历史解释属于不同的研究层次。考古学的田野工作涉及发现与提取各种物质遗存的相关技术和方法，在材料的分类整理和时空定位之后便需要进入解释的层面，解释的技巧与材料处理的方法有很大的区别，而且难度要大得多。而较高层次的解释在我国学界被认为主观性太强，不值得提倡。由于这种历史重建的解释难度很大，所以我们便以强调研究的客观性来加以回避。如果缺乏解释上的技能训练，考古材料的解释就只是一种个人想当然的看法，难以做到历史的重建。

　　当代考古学的发展不再是用一套技术去寻找与发掘古代遗存和历史遗迹，它还包括一批科学概念、理论模型和分析手段。从某种意义上说，理论方法比考古发现更重要，因为只有不断提高研究水平、拓宽研究方法，这门学科才能更好地破译文物中所含的古代社会文化信息，让无言的文物活起来，才能增进我们对历史的了解。

　　然而，考古材料的解释并非易事，而是一种真正的挑战。在为路易斯·宾福德（Lewis Binford）《追寻人类的过去：解释考古材料》（*In Pursuit of the Past：Decoding the Archaeological Record*）一书所写的序言中，科林·伦福儒（Colin Renfrew）说，考古学最吸引人的地方就是邂逅重要发现的兴奋，它给人难以忘怀的愉悦。但这不是考古事业中最重要和最有趣的部分，真正的挑战是把考古材料以一种相互关联的、合理的方式掇合起来，从中寻找意义并做出解释。考古学实践中兴奋与沮丧是一对矛盾，丰富的材料令人兴奋，但是很难得出可靠的结论却令人沮丧。

　　考古学解释和历史重建的难度在于结论的不确定性与其他另类的可能性解释。这是因为物质文化的多样性有无数的原因，考古学文化除了可能反映族群不同外，也可能反映时间上的差异，有的则是环境背景、可获资源、当地手工业生产和装饰传统、贸易方式、地位竞争、性别身份、群体间通婚方式以及宗教信仰的不同。今天，考古学文化虽然是对考古分析有用的概念，但是日益被视为对物质文化时空差异分布方式的一种总结，而这种差异是由各种不同因素造成的。因此，用考古学文化来构建史前时空的框架不再被看作一种解释，而是要求考古学家义不容辞地对特定案例做出解释的现象。

二

解释是指在观察的基础上进行思考，合理地说明事物变化的原因、事物之间的联系，或者事物发展的规律。考古学解释是由个人做出的，有时这种解释只能被看作个人的见解，只是立足于学者本人的经验直觉或知识背景，或者使用的概念和方法与其他学者并不相同。科学解释是建立知识体系的工作，由科学家团体乃至公众参与，需要有一套学界共同遵循的概念、原理和方法。没有统一标准的随意解释会引起混乱，因为没有对术语和概念的统一理解，学者们就不可能构建一种科学的知识体系。虽然个人观点在科学解释中发挥着必不可少的作用，但是个人观点会有所不同，必须加以控制，不至于成为十足的猜想。防止观点失控或鸡同鸭讲的一个关键，就是要用恰当的名字称呼事物。于是，赋予关键术语和概念统一、准确的定义是理解的第一步。有学者强调，概念是学术研究的起点。它将我们从日常生活的名词中解放出来，进入形而上的"概念"层面。抽象化是艰难的工作，没有概念就意味着无法摆脱常识，也就意味着没有学术。如果学术研究连概念层面都上不去，就更不要考虑理论创新了，因为它将什么都不是。

我国考古学解释中普遍存在的一个严重问题就是概念不清，对讨论对象的本质没有共识或统一的科学定义。比如，有学者不愿采用欧美学界流行的"酋邦"概念，而偏好用古国或方国来取代。但是，古国或方国这类术语并没有像酋邦那样从平等社会向国家社会过渡的世袭等级社会来予以定义，所以它们并非理论层面的抽象概念，仍然是来自古代文献的通俗用语。还有，在我国文明和早期国家探源中，"文明"、"国家"和"城市"这几个关键术语并未得到很好的讨论，且在科学定义上并无共识。虽然三者之间没有必然的对应关系，但是在讨论文明和早期国家中，这三个术语概念往往彼此互换，或用某个术语来论证另一个术语的真实性。特里格指出，这三个概念的本质是有区别的，文明一般指文化、技术和艺术的发展层次，城市是一种聚落形态，而国家是一种政治体制。在概念类比的分析中，我们常用考古学文化来对应族属甚至国家与疆域。比如，将二里头文化＝夏文化＝夏民族＝夏国＝一批有特色的器物分布＝夏朝的疆域。实际上，这种类比并不是以实证为基础的逻辑推理，而是一种猜测。因为我们没有办法以一批器物类型特别是陶器作为前提，依次推导出夏族、夏国以及夏朝的疆域等结论来。这些概念因为所指对象的性质不同，所以彼此无法对应与契合。

在考古学解释中，文化与社会是被采用得最多的术语，而且在讨论中也经常互换。以物质遗存构建的考古学文化是范围极为有限的人类行为之产物，在重建过去的社会时只能提供非常有限的证据。史前学家一般会将考古学文化等同于特定的"部落"或"人群"，比如柴尔德就认为，文化是一种社会遗产，它对应于一个享有共同传统、共同社会机构以及共同生活方式的社群。这群人可以顺理成章地被称为某人群。

然而，特里格指出，有些考古学家，特别是对民族志材料不甚了解的考古学家，会认为在文化形态和社会系统之间很容易找到对应关系。比如，许多人认为，可以将某考古学组（component）对应于某社群，将某考古学文化对应于某部落，将一批相关的考古学文化对应于一个文化区。但同样明显的是，没有一个社会单位或政治单位总是与单一形态的物质文化对应。考古学文化无法以任何机械的方式与社会群体如部落、游群或民族对应。这并不是技术问题，比如材料的不充分，而是因为物质文化的分布未必与社会结构和政治结构吻合。在对物质文化的历史意义的讨论中，特里格列举了各种民族志中所见的社群与文化关系的复杂性，凸显了根据不同器物组之间式样异同的比较来定义文化和解释历史的局限性，并强调在对这种文化异同进行比较时，需要对它们在不同社会中所发挥的功能有充分的了解。

虽然对某个议题的讨论或解释会有不同的观点，但是学者应该对他们采用的术语或概念有统一的定义或共识。在借鉴国外的术语和概念时，也应该准确了解这些术语和概念的定义以及它们的历史发展，不了解这些术语和概念的定义往往会造成误导与混乱。比如，对酋邦这一术语产生的争论在很大程度上是由没有完全理解其定义以及新进化论的来龙去脉背景而造成的。同样，望文生义地理解戈登·威利（Gordon Willey）的聚落形态研究，使得我们对聚落考古的实践和讨论与威利的聚落概念大相径庭。

由于考古学不是一门实验性学科，所以考古学家对材料的解释也具有一定的试错成分，就是对以前的解释需要不断用新研究和新发现来检验。有时，新发现可能完全推翻过去的解释，而新技术的运用和学科交叉的发展可以为材料解释提供更广阔的视野，并且可能获得始料未及的结果。所以，考古学家倾向于将自己的解释视为比较接近真相，但这种真相会随时被修改，甚至被推倒重来。对考古材料的解释需要提出一个框架，特里格将其称为"模型"。不同的解释框架构成了各种解释的"模型"。科林·伦福儒认为，模型被用来揭示考古材料中的某种规则，并用来解释这种规则的内在机制。比如，有些模型从文化的历史序列来解释，以构建年表和文化关系；有些模型则从文化生态学来解释，以构建文化的适应系统和人地关系的互动；而其他一些模型则可以从技术、经济、社会乃至意识形态来解释。构建解释模型的重要之处在于，它有助于考古学家对文化的性质提出明确的设想，是他对材料和证据进行解释的基础。由于史前考古学解释所能利用的证据往往是不完整和有限的，所以采用不同模型进行解释并相互补充，史前史的重建就能以一种累进的方式不断提高和完善。

三

在文化历史考古学范式中，传播迁移论是解释文化变迁最为流行的方法，这就是追溯文化的起源、传播与迁移。比如，最近三星堆又有新发现，大家的一个普遍反应就是，它是从哪里来的？是来自中原人群的迁移，还是来自西亚和其他地区的文化传播？在《如何探究史前史》中，特里格对文化变迁的传播论解释进行了详尽的讨论，提出了这种解释需要注意的许多问题。

他指出，大部分发明和创新就像生物学的突变一样是微不足道的，而且很难从考古材料来追溯。一种发明能够被社会采纳需要一定的社会背景，许多发明只有在盈利后才能普及，于是会因开发代价过高而滞后很长时间，甚至大多胎死腹中。而有的重要发明则是专为贵族阶层服务的，可以不惜一切代价予以采纳。有的发明并非单一的创新，而是许多小发明积累的产物，还有些发明可以是不同的人在不知道他人工作的情况下的独立创造。

传播是指意识的扩散，如果发明与突变之间有相似之处，那么传播可以被视为一种选择过程。文化特征的传播很少会将所有属性一起带过去，而且新的意识传播到其他社会后，因社会条件不同所发挥的作用也会不同。比如，中国发明的火药是被用来放烟花的，但是传到欧洲后就被用来制造枪炮。大部分的传播是一种刺激传播，就是一种新发明的原理从一个文化传给了另一个文化，并没有附带所有技术甚至概念上的属性。比如，考古学文化概念是从欧洲传到中国的。但是，柴尔德为考古学文化分析提出的一些属性，如年代、分布和功能分析以及构建时空框架的镶嵌模式等并没有被同步引进，苏秉琦重新发明区系文化类型来加以补充。

迁移是指人口的移动，这个概念常常并未被明确地与传播区分开来。实际情况要比传播、迁移的两分更加复杂，比如，人群在地理上的扩散可以没有文化传播而发生（维京人在新大陆的栖居），人口移动是文化传播的一个重要因素（欧洲人到达美洲），文化可以没有人群移动而传播（拉丁文化扩散到西部的罗马帝国），还存在有人群移动而没有文化传播（移民的整体同化）。因此，在历史重建的解释中，最好从概念上将传播与迁移区分开来。

　　然而，证据确凿的传播与迁移在考古记录中是罕见的。为了判断不同文化之间的传播迁移或共同起源，首先要排除这些器物或文化特征是趋同发展的结果。比如，极端传播论者提出的金字塔、木乃伊技术、陶器都是来自同一起源中心的说法，现在都被否定了。对于判断不同文化之间的历史关系，特里格借鉴了民族学家格雷伯纳（Graebner）的三项标准。第一项是质量标准，即如果一种文化特征愈复杂、愈相似，那么其共同起源的可能性就愈大。而且，被比较的特征必须是非功能性的。因为，许多功能性器物如刀、斧、箭镞、碾磨工具因为用途和制作材料的限制，很容易形成趋同。第二项是数量标准，即两个文化或地区之间质量上相似的数量愈多，它们之间存在一种历史关系的可能性就愈大。这需要从统计学上进行文化特征的比较，而不是单凭个别器物和特征来下结论。第三项标准是两个区域之间文化交流的容易程度，即要证明地理位置相隔遥远的地区之间的相似文化特征是传播迁移的结果，就需要在其中间地带找到连续分布的迹象，而且在年代序列上表现出早晚与先后的轨迹。

　　传播迁移论是文化历史考古学范式最流行的一种解释理论，柴尔德就是凭借这种理论来构建欧洲的史前史，但是他也批评了滥用这种理论的危险。他说，盲目借助于外来移民或"影响"纯粹是掩饰懒惰的遮羞布。像格雷伯纳一样，他也提出了这种解释需要注意的或然性问题，强调要从分布、定量和定性等标准来加以判断。在分布标准上，某器物类型的出土地点越近，独立发明的机会就越小。如果它们在两个相距遥远的遗址出土，就需要在中间地区寻找证据。在定量标准上，两个遗址或文化所共有的类型越多，它们之间的关系就越密切。在定性标准上，一种类型越难制造，其独立发明的可能性就越小。他还指出，虽然传播可以建立文化之间的关系，但是传播机制则需要从其他考古遗存来加以推断，这种机制可能是商贸、入侵、传教、征服、联姻、殖民，等等。

伦福儒和保罗·巴恩（Paul Bahn）在回顾传播论时指出，传播迁移在过去确实发生过，但是能从考古学上加以论证的机会很少，而且它在被用来解释文化变迁时被用得过头了。文化与社会变迁单从传播迁移论来解释是不够的，而且这种传统解释建立在今天很容易受到挑战的设想之上。到 1960 年代，过程考古学的发展使得考古学家更加重视从内部的因素来解释文化的变迁。

四

史前考古学家的解释工作包括两个方面，一是要解释和重建古人的生活方式，二是要解释社会和文化的变迁。对于考古材料的解释来说，有三个困难的梯度，即研究技术和生计比较容易，研究社会结构比较困难，研究宗教信仰和意识形态最困难。这个困难梯度是由材料的性质决定的，因为人类生计活动留下来的工具和动植物遗存可以用实证的办法进行比较可靠的分析与解释。比如，我们根据古人的工具可以了解他们的技术水平，根据遗留的动植物可以知道他们吃什么。社会结构的变异范围比较大，与物质文化没有可靠的对应关系，即使有民族志的类比，仍然有很大的不确定性。比如器物特征相近的同一类考古学文化并不一定代表同一批人群。而宗教信仰根本无法从物质材料中提取，是最难解释的内容。

重建史前期的生活方式涉及何人、何地、何时、何物等问题，属于技术和生计的范畴，采用实证方法相对容易解决。而社会变迁涉及如何及为何的问题，解释难度很大，这需要根据考古材料来间接推断社会结构。特里格认为，跨文化的民族志类比能够为考古材料的解释提供参照，这需要对民族学研究的成果有比较充分的了解，在这方面，美国人类学家埃尔曼·塞维斯（Elman Service）的《原始社会的结构》（*Primitive Social Organization*）从社会进化的角度，介绍了游群、部落到酋邦三种社会类型的定义和特点，并提供了可供参考的各种民族志案例。美国人类学家乔治·默多克（George Murdock）的《社会结构》（*Social Structure*）一书极具参考价值，该书提供了全球 250 个土著社会结构的跨文化比较案例，其中 70 个社会来自北美、65 个来自非洲、60 个来自大洋洲、34 个来自欧亚、21 个来自南美。在美洲和澳洲，考古材料与现生土著人群的文化之间有直接的联系，为解释古代的社会结构提供了比较可靠的依据，在没有古今传承的背景下利用民族志的跨文化类比则需要更加谨慎。重建社会结构和历时变迁的另一办法就是聚落考古，并以戈登·威利的《秘鲁维鲁河谷的史前聚落形态》（*Prehistoric Settlement Patterns in the Virú Valley，Perú*）为代表。

社会变迁的解释涉及社会复杂化的研究，这是同农业起源和国家与文明起源密切相关的议题。在农业起源的解释方面，特里格提到了当时比较流行的、由柴尔德和魏特夫（Wittfogel）分别倡导的绿洲理论与灌溉理论，他认为这些是带有生态决定论色彩的单因论解释。在国家与文明起源理论方面，他提到了朱利安·斯图尔特（Julian Steward）的理论。该理论认为，随着大河流域人口的增长，对水源供应实施越来越强的控制就变得必需，宗教约束开始发挥作用，导致了神权贵族国家的产生。当人口压力继续增加，各个国家开始为土地而争斗，这逐渐使军事阶级崭露头角。他也介绍了美国考古学家罗伯特·亚当斯（Robert Adams）对美索不达米亚文明起源的解释，认为经济上各部分的发展导致了社会的日益分层和国家与文明的发展。

特里格还介绍了有关国家起源动力的两种理论，一种是有机理论（organic theory），将技术和经济因素看作文明起源背后的驱动力，认为某些早期国家兴起的机制是对经济日益复杂化的反应，是不同社会经济日益相互依赖的结果。由于有机国家是应对经济需求而形成的，所以它们立国的基础比较稳固，不会大起大落。另一种是单方理论（unilateral theory），将政治看作某些早期国家形成的主因，可以在经济比较简单的条件下发展起来。这种国家通常是征服型或掠夺型国家，通过地域扩张将社会变成一个组织良好的国家，其例子之一就是祖鲁（Zulu）王国。征服型国家可以迅速崛起，并席卷大片地区，比如蒙古帝国在一代人的时间里就从中国扩张到东欧。然而，当武力威胁的纽带失效时，这种征服型国家就会迅速解体。但是，这两类国家之间的分野也并非绝对的，内部分化迅速和外贸体量巨大的单方国家，会发展出很像有机国家的经济基础。特里格认为，墨西哥、美索不达米亚和古希腊看来是在有机背景下发展起来的国家，后来靠征服而扩张。而古埃及比较像单方国家，法老被尊奉为神，拥有绝对的权力并一直下达基层。埃及起初是作为一系列小型的城邦国家发展起来的，后来融合成一个民族国家。

在晚年著作的讨论中，特里格借鉴柴尔德对美索不达米亚和埃及文明起源的比较研究，将早期国家分为城邦国家（city states）和地域国家（territorial states，有人译为"广域"或"广幅"国家）。城邦国家是指一些小型政体，每个城邦由一个城市中心和环绕城市的小型农业聚落构成，比如古希腊、文艺复兴时期的意大利和古代西南亚部分地区的早期国家。而地域国家则是由地域广袤的多层级行省组成，比如埃及和中国一般被看作地域国家。这两类国家的区分也并非绝对的，比如美索不达米亚和墨西哥的国家发展就体现了城邦国家向地域国家的转变。

五

在《如何探究史前史》的序言中，特里格开宗明义地指出，

1960 年代美国考古学自我意识的不断发展，产生了一股方法论思潮来审视本学科的基本前提。这本教材正是在新考古学方兴未艾的背景下撰写的，反映了作者对文化历史考古学传统范式的反思，以及用过程论来解释文化变迁的尝试。1973 年，英国考古学家戴维·克拉克（David Clarke）在《考古学纯洁性的丧失》（"Archaeology：The Loss of Innocence"）一文中提到了考古学从"意识"到"自我意识"再到"批判性自我意识"的发展过程。有"意识"的考古学主要依赖经验，凭借彼此的默契和个人的直觉对材料与现象做出判断和解释。有"自我意识"的考古学认为，必须有明确的理论和方法来处理材料。将讨论的各种术语抽象化，上升到概念层次，赋予明确的科学定义，并加以一定程度的量化。由于考古学解释的复杂性，历史重建应该提出材料解释的各种模型，并通过不同理论的互补和新材料的检验而不断完善。否则，考古学解释将永远停留在个人观点的表述上，难以构建考古学学科的知识体系而做到真正的历史重建。这种自我意识是在过程考古学的发展中体现出来的，它有力地促进了理论和方法的发展，使得考古学从单一的类型学方法和考古学文化概念转向多学科的交叉研究，摆脱传播论的简单思维，从功能论、系统论和过程论来解释社会与文化的变迁。"批判性自我意识"是在 1970—1990 年代与后过程考古学一起发展起来的，它对考古学解释的主观性和社会偏见有了更深刻的认识。

我国考古学的发展已经走过了百年历程。考古学这门学科被引进后在相当长的时间内与国际学术主流处于隔绝状态，加上过分强调民族特色的学术取向，我们的学术思维还未完成从"意识"

向"自我意识"的转变。虽然近年来科技手段和学科交叉蓬勃发展，但是考古学的理论建设和解释层次仍然亟待提高。我们应该努力从过去主要以材料积累和证经补史的学术定位，转向以问题为导向的科学探索和历史重建。而《如何探究史前史》这本书可以为我们的这种学术转向和提升提供一个便捷的入门。

陈淳

2021 年 5 月 23 日

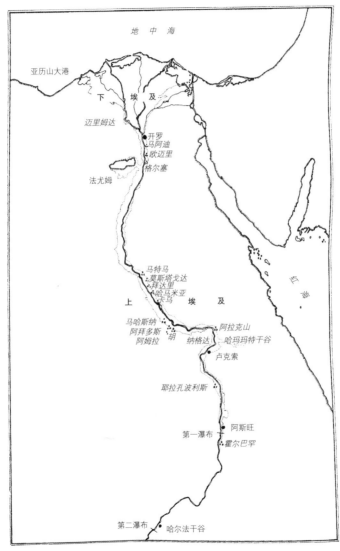

显示前王朝时期遗址位置的埃及地图

序　言

　　近年来，美国考古学的自我意识不断发展。这种自我意识产 xi
生了一股方法论研究的潮流来设法审视本学科的基本前提。在本
书之前的著作中，我必须提到张光直的《再思考古学》（*Re-*
thinking Archaeology）和詹姆斯·F. 迪兹（James F. Deetz）的
《考古学的邀约》（*Invitation to Archaeology*）这两本书。

　　本研究试图填补当下人类学文献中的一个非同寻常的空白。
在迄今为止出版的专著中，没有一本是专门用来解决对不见经传
人类群体的历史重建和解释中所遇到的问题。应付这些问题的技
巧构成了有别于考古学的史前学方法。《如何探究史前史》的目
的，是对史前学的方法论做一番讨论，这种讨论一般是被降格放
在史前考古学教科书最后一章的议题。

　　我对史前学方法论的兴趣始于我设法弄清努比亚（Nubian）
历史中的某些问题。这项工作令我相信，史前史的重建经常要比
我们所在意和承认的更加困难，而且史前学家对他们材料所能提

供的各种另类解释毫不介怀。在各种解释难以把握的一门学科中，完善这些另类解释是很重要的。

　　本书试图填补的第二个空白是，用人类学术语来讨论前王朝埃及。我长期关注埃及文明的发展，而许多同行鼓励我沿着这条脉络得出一些结果。我对这两个议题相结合的可能性心仪已久。我所采用的大多数例子，当它们与古埃及无关时，都来自我最熟悉的其他两个领域，即努比亚和北美东北部林地区域。

　　因为这项研究横跨了两个领域——人类学与埃及学，它必然会遇到不同研究问题磨合的困扰。一方面，对于不熟悉埃及学家的推论的史前学家来说，许多理论观点会看似不得要领；另一方面，对于埃及学家来说，重要材料的处理会看似零乱而且论证不够。我希望，所得出的彼此关切的充分结论能够证明这项学科交叉的努力。需要记住的是，本书的打算是作为一本教科书，而这会影响我们的表述方式。

　　我要感谢耶鲁大学近东语言系的威廉·K. 辛普森（William K. Simpson）教授为有关古埃及部分的文稿提供了意见。我也要感谢我的两位兼职研究助手吉莉恩·桑科夫（Gillian Sankoff）女士和罗杰·麦克唐奈（Roger McDonnell）先生，他们为本书做参考文献的工作，并对本书的第一稿提了许多重要的意见。他们的时间是由麦吉尔大学（McGill University）社会与人类学系为我安排的。地图和插图是苏珊·威克斯（Susan Weeks）女士所绘，而准备手稿的经费是由波拉克研究基金（Pollack Research Fund）提供的。

布鲁斯·G. 特里格

加拿大蒙特利尔

1968 年 2 月

目　录

第一章

绪论

历史学与考古学

历史学从其最基本的字面意思来看，是研究从最古老时代以 降直至今天的变迁。人类（与自然有别）的历史试图将人类发生的事件以年代序列安排，并做出解释。历史学科的科学定义甚至更为狭窄（Nagel 1961：574）。历史学源于纪念伟人事迹的故事和颂歌，即使在它成为一门科学学科之后的很长时间里，也一直将其研究的主题大体以一种传记方式予以处理。如非全部，大部分历史学家研究的材料是文献记载，他们一般都同意，没有这些记载，就无所谓真正的历史学。

　　最晚近的历史是基于自书写以来世代相传的历史记录，但是较早时期的历史更多依赖考古发掘出土的文字。比如，我们对中国或古希腊和古罗马历史的大部分了解来自第一类文献，在这种情况下，考古学证据只是用来补证已知的材料而已。古埃及和美索不达米亚的大部分文字系统与文字记录已失传过久，对这些古代文明的历史重建只有通过考古学家和语文学家的合作才有可能。因此，即便许多（并非全部）埃及学家和亚述学家通过文字记录来研究这些古代文明，他们仍然要依赖考古学家为他们提供历史资料。

　　即便我们将两类历史都考虑在内，它们也仅涵盖了很少一部分的社会，甚至社会类型的范围更小。人类的发展大约始于200万年以前，最早的文字记录只有5 000年，而在世界上的许多地方，它们甚至更晚。甚至印加和阿兹特克文明也没有发达的文字系统，无法为真正的历史学所企及。结果，只有很少的复杂社会才拥有合格的历史文献。此外，还有不少社会虽有文字，但只用于非常有限的目的，或者把文字写在无法保存下来的材料上。这些社会以及少数无文字社会（关于它们的信息被记录在邻近文化的文献中），构成了所谓的原史或半史文化（parahistoric cultures）（C. Hawkes 1954：159 - 160）。几乎所有非洲和欧洲青铜时代高度发达的文化，以及全世界食物采集者和较简单的农业社会都在历史研究的范围之外。这些无历史的群体，因其规模很小和没有文字，恰是人类学家最感兴趣的研究对象。

史前学

19 世纪上半叶，许多饱学之士相信世界的年龄不过 6 000 年，人们根本不知道人类发展的大部分记录都处于幽暗的成文史之外。有人会合理地把克里斯蒂安·汤姆森（Christian Thomsen）的三期论（Thomsen 1836）说成只适用于它所发明的丹麦，并引用《圣经》记载认为，近东铁器加工看来是在亚当七代之后发明的。这种人类史观得到了当时地质学的支持，认为地球是因一系列普遍的"灾变"而进化的，每次灾变后都是一次新的创世。根据这一推理，人类只是最后一次灾变后的创造。

由于认为人类历史很短，所以有一种倾向把所有考古遗存与已知的人群对号入座，如维京人和腓尼基人。这种古物学方法的典型代表，是 18 世纪初由约翰·巴格福德（John Bagford）提出的一种说法，以解释在伦敦附近发现的一具猛犸象骨骼和共出的粗糙石器工具。他说，该大象遗骸是被古代布列吞人杀死的一头罗马战象（Daniel 1963：49）。但是，像塞缪尔·约翰逊（Samuel Johnson）这种持怀疑态度的学者声称，对古代纪念物的猜测是徒劳的，"我们对古代作者告诉我们的东西之外的一无所知"（Daniel 1963：35）。

但是，地质学的灾变论思想最终让位于查尔斯·赖尔（Charles Lyell）的均变论（Lyell 1830 - 1833），即过去地质构造是由与今天相同的地质动力造就的。这为查尔斯·达尔文（Charles Darwin）生物进化论（Darwin 1859）的发展铺平了道路，进而产生了这样的思想，即人类历史的开始很可能比我们想象的早得多，人类及其文化可能都是渐进而非突然创造的产物。现在，地质学家和考古学家开始一起合作以研究更新世的地质构造。由于这一经验之赐，考古学家习惯于将人工制品或文化遗存根据它们的出土层位归组，并试图研究不同层位之间的发展关系。这种富有成果的合作产生了一门新型的学科，它试图将人类的历史追溯到人类尚未将其各种思想和经验的一种不完整记录书写到石碑与泥板上的黑暗时代。

3

虽然"史前的"（préhistorique）这一形容词早在 1833 年就为图纳尔（Tournal）所采用（Heizer 1962：72 - 83），但是"史前史"（prehistory）一词最早是由丹尼尔·威尔逊（Daniel Wilson）于 1851 年在《苏格兰的考古学和史前学年鉴》（*The Archaeology and Prehistoric Annals of Scotland*）一书中作为一门学科名称而提出的。威尔逊将史前学定义为探寻编年学无法指认的那些历史材料的时期或类型的研究。该术语被约翰·卢伯克爵士（Sir John Lubbock）在 1865 年用于其著作《史前时代》（*Prehistoric Times*），该用法在 13 年后被认可（Daniel 1963：13）。虽然该术语有时受到批评，但它的优点是，强调了史前学研究的是历史记录阙如的人类过去（也许威尔逊最初的定义没有讲清楚）。在英语世界的学者中，史前阶段被视为某地区没有适当文字记录可供研究的那段时间。

应当指出的是，考古学并不等同于史前学。考古学是一门与发现过去物质遗存之各种技术相关的学科。因此，它由一套提供材料的技能组成，这些材料能够被各种学科利用。除了史前考古

学外，还有近东考古学、古典考古学、中世纪考古学、殖民主义
考古学以及工业考古学等。

史前学的方法

因此，历史学和史前学彼此互补，以完善人类发展的编年史。
但是，它们采用的证据类型迥异，重建的历史方面也各不相同。
历史学家采用的原始材料是对人类思想和行为的说明；另外，史
前学家只能研究过去文化没有朽烂并有幸被考古学家发现的有限
物质遗存。对于最古老的阶段，只有考古学和体质人类学的证据
才能幸存，史前学家专注于构建石器工具的类型学，并将它们与
地质学和古生物学的序列对应起来。对于较为晚近的时期，民族
学和语言学证据，还有传说和历史记录，常常被用来作为考古材
料的补充。如大部分人类学家所认为的，如果我们将文化定义为
人类作为社会一员所获得的思想和符号，那么史前学家总的来说
并无可供研究的文化材料。相反，他们只有人工制品可以研究，
有时候叫作"物质文化"，它们本身是文化的产物。史前学家必须
根据这些非常有限的、大体上是技术性的证据来推断过去的图像。

因此，史前研究从其本质而言是匿名的。该研究的大部分努
力被用来推断古代生活方式的概况，并追溯它们的历时发展。鉴
于证据的这种性质，这种推断常常是非常一般的。在缺乏历史记
录的情况下，比如像拿破仑入侵俄国，就只能从焚毁村落的分布
来推测，这需要通过费力的考古发掘和各种断代方法将它们卡在

4　　同一时间才行。发现来自西欧的武器和装备也许表明破坏它们的
人群来自西方，而从考古记录上也明显可见，当地居民很快又重
新控制了这一地区。但是，即使这样的解释也需要大量艰苦的前
期工作。至于诸如分辨主要参与者的个性、划分国家的边界，还
有详细了解该时期的强权政治——且不论战争的胜负，几乎都是
史前学家力所不逮的。

　　因为只有人工制品或"物质文化"（在我们看来它们根本就不
是文化）在考古记录中残留下来，所以史前文化和事件的重建大
体取决于对器物与现存文化中人类行为之间关系的了解。于是，
解释考古学证据的基本方法必须是与现存文化或已知历史情况的
类比。不幸的是，对这些关系的研究仍是一个被人相对忽视的领
域，而史前学理论的不足也是人类学和社会科学总体上的局限性。

　　就像历史学家，史前学家的工作大体包括两个过程。首先，
他们必须设法想象不同时代人们的生活方式。其次，他们必须
设法解释某一时期向另一时期转变的过程。当然，考古学可以
无须找到相关文化的性质来构建文化的年代学。但是，这一步
对于任何有意义的文化变迁研究都必须是合乎逻辑的前提，因
为我们必须看出什么正在发生变化，以便了解它是如何变化的
（W. W. Taylor 1948）。

模　　型

　　史前学不是一门实验性学科。它不像物理学或化学，意在建

立一般性的规律，然后用重复实验来论证它们的真实性。相反，它是设法解释过去在某个特定人群里发生了什么事情。就像古生物学、历史地质学或近代史，它试图解释事件而非从这些事件中总结规律（Nagel 1961：547－551）。理想的是，我们能够根据最充分的证据和当下可用的最佳理论框架来做出解释（Lowther 1962）。这种解释的准确性，只能根据它们经得起新证据积累的考验以及有关文化性质较为完善理论的发展来予以检验。新遗址的发掘也许会从根本上改变基于有限材料所做的解释，但是解释也可以因为诸如语言学和文化人类学相关领域的理论进展而做出修改。史前学家倾向于把任何解释都视为真相的近似，这种近似会随时被修改，甚至从根本上被推倒重来。撰写前王朝时期埃及的最终解释，就像撰写伊丽莎白一世统治的最终历史一样没有可能。

　　最近，英国史前学家开始把用于解释考古材料的各种概念框架指称为模型（Piggott 1961：11，12；1965：5－8）。模型的种类很多，而其重要性会依它们的解释能力而有所不同。有些模型反映了文化不同方面之间功能关系的想法，而有些则是有关不同历史过程的想法。最流行的是技术模型和唯物主义模型，大体如皮戈特（Piggott）所见，"*因为考古学家的看法是立足于古代技术的产物*"（Piggott 1965：7）。试图从一种技术观点来解释考古材料的考古学家，实际上是设法从技术关系来看待整个文化。其他的功能模型试图从一种经济的、社会的乃至意识形态的视角来看待整个文化。历史学模型将文化发展视为循环或进化的、单线或多线的。它们也可能反映了史前学家关于以下问题的观点，即究竟传播还是独立发明是一种更加重要的历史过程。最后，还有一些模型体现了史前学家对不同种类历史材料之间关系的看法。这些模型关注诸如物质文化的连续性是否必然反映了特定地区族群与语言的连续性（Palmer 1965：180-181）。

　　因此，模型这一术语适用于史前学家用来解释他们的材料的任何定义明确的概念。很常见的是，几种模型会结合起来采用。模型是重要的，因为它有助于考古学家对文化的性质提出明确的设想，这是他们的证据解释的基础。由于史前学家处置的证据的性质常常是不完整的、有限的，有关文化性质的理论在他们对材料的解释中所发挥的作用要比在历史学家那里发挥的作用更加突出。遗憾而又确实的是，在人类行为的研究中，我们可用的材料甚少，而有关人类行为性质的那些不当且常常错误的概念又发挥着比较重要的作用。

小　　结

　　在以下章节，我们将观察史前学家在研究特定地区史前史时采用的各种概念和技术。下面的第二章对各种概念做一般的讨论，在第六章，对这些概念被用来解释前王朝埃及文化发展的途径做一番批判性的审视。我并不试图以这种方式讨论考古学的技术。第二章和第三章将分析史前学家在应对种族、语言与文化时的各种问题，一方面有必要在它们之间做出区分，另一方面需要在社会和文化之间进行区分。第四章将观察用来描述文化变迁的各个概念，特别是那些与传播、迁移和独立发展相伴的概念。最后，在第五章我们将讨论社会发展的概念，它们是用来描述社会发展过程中的社会关系网络的。我们希望通过这种方式提供一套概念，它们可以在没有文字记载的情况下被用来解释某人群的历史发展，并对这些概念的局限性以及在什么情况下可以使用这些概念提供一些想法。

由于经验主义的原因，史前学家倾向于用有别于民族学家的方式来定义某些术语，并非所有史前学家都会以相同的方式来使用这些术语。当这些区别很重要的时候，需要对这些差异的原因做出解释。不应提供某单一的定义而不考虑其他用法。在多数情况下，这些差异会对学生造成小小的困扰。

非常必要的是，史前研究需要将民族学的成果想象性地用于考古材料。我希望本研究能够有助于为这一事实提供较为清晰的了解，即史前学和民族学并非彼此独立的学科，而是人类学同一学科彼此相关的组成部分。虽然研究古今的材料差别很大，但是民族学家和史前学家都关注人类的行为，而他们做出的解释都受到他们对人类行为普遍特点之了解的影响。

第二章

种族、语言和文化

变量的独立性

7   传统上人类学家关注对原始"部落"或"人群"的研究。虽然部落一词被以各种不同的方式定义，但是它常常被形容为拥有一片自己领地的人群，而且其"成员认为他们拥有某种独特的文化特征和语言"（Goldschmidt 1959：151）。某部落的成员也常常被说成具有某种相同的特定类型的体质。大家一般认为，人类学文献中介绍的部落是人类的客观区分，而非研究这些部落的学者主观构建的单位。

人类学认为，部落构成了内在固有的社会单位，这部分源自一种信念，即大部分原始人群认为非吾族类其心必异，并设法避开他们。每个部落都拥有自己的明确体质和文化特点的想法是基于这样的理论，即能够与其他人群随便来往的人群会倾向于保持和发展共同的特征，而相互分开的人群会存在分界。倾向于将所有变化归因于同一原始部落单位的分化，令史前学家相信，种族的、文化的和语言的差异都源自同样的族群分化结果①。当人群扩散，他们会发展出地区的变体，进而形成新的文化。遵循这个概念，我们可以合乎逻辑地认为，现在文化和体质类型上表现相同的部落也是如此，因为它们的携带者也有一个共同的起源。

　　但是，这种特定的文化历史观点是基于一个严重的谬误，即不同人群之间种族、文化和语言上的差异都是同一分化过程的产物（Sapir 1921：121–235）。这很快就会得出这样的结论，即两个人群之间的任何一种相似性都是他们之间遗传关系的证据，因此任何人群的历史都能够根据不同类型材料的拼凑来重建。比如，如果几种无关的文化与相似的种族类型相伴，那么就可以认为这些人群曾经是同一族群，而文化差异只是种族分化较远的结果。于是，非洲人开始讨论"尼格罗"或"含米特"（高加索）起源的文化，就好像该地区曾经有过种族和文化的一一对应关系（Mac-Gaffey 1966）。同样，如果许多不同部落讲有关联的语言，那么人们就会认为，他们曾是具有共同文化的单一人群，而现在他们之间的任何区别都是自最初人群分裂以来逐渐变化的结果。人群之

8

---

　　①　将语言与文化的其他部分分开处理，我并非意指语言不是文化的组成部分。但是，文化作为一种自立的系统，可以对它进行独立的分析，而它的历史常常有别于它的其他方面。

间任何语言、文化或种族的相似性，都被说成是相关群体过去曾是同一族群的证据，而他们之间的差别则被视为后来变化的结果。于是，无论什么时候某种材料不足以建立两个人群之间的一种历史关系，都总有其他材料可以采用。

但是从一开始，这种解释方法就遇到了很大的问题。如果不是材料过少的话，它很可能马上就被摒弃。特别是，种族、语言和文化变迁的相对速率看来无法建立任何层次。美国黑人的遗传学特征来自非洲，但是他们的语言和文化则来自欧洲。同样，美国文化尽管吸收了好几百万并非像原来的定居者那样拥有同一盎格鲁-撒克逊起源的移民，但是仍然显示了惊人的连续性。人类学习新语言和新行为方式的能力，以及社会系统对新来者的同化能力，意味着人群的种族、语言和文化历史曾反复经历过不同的道路，结果不同群体之间的相似性并不能证明这些人群和文化拥有一个共同的起源。由于文化传播，源自共同祖先的人群可能不再拥有相同甚至相似的文化。同样，由于基因漂移，历史上相关的文化群体未必拥有相同的遗传特征。非常明显的是，基因流动和语言及文化传播是人类发展的正常途径，其发展特点与通过逐渐分化而产生的差异如出一辙。

爱德华·萨皮尔（Edward Sapir）和弗朗兹·博厄斯（Franz Boas）总结了这些反例，指出种族、语言和文化必须分开研究，它们的历史必须作为独立的变量进行研究（Sapir 1921；Boas 1940）。他们研究北美文化区的经验显示，各种特征倾向于从其起源地向外扩散，这种漫长传播的结果是，体质和语言特征差异很大的人群会共享十分相似的文化。于是，体质和语言特征不能

被用来提供文化历史重建的线索，文化标准也不能被用来重建与　9
某特定人群相伴的体质和语言类型的历史。欧洲的历史可以被用
来说明这种情况。虽然罗曼语（Romance languages）都源自拉丁
语，但只有少数讲罗曼语的人可能是古罗马公民的生物学后裔。
同样，大部分欧洲国家讲彼此相关的语言的事实，并不能解释它
们为何拥有一种相似的文化。现代欧洲的大部分文化并非源自遥
远的过去，而是现代欧洲各种语言和国家形成很久后通过传播而
形成的经验分享之结果。那些讲非印欧语的欧洲人，如巴斯克人、
芬兰人和匈牙利人，参与其中的程度并不亚于其他欧洲人。

　　由于对过去 2 000 年的欧洲历史了解得十分清楚，所以没有
人会坚称，该地区大部分重要的文化共性是几千年来同一印欧文
化的遗赠。实际上，相较于语言的多样性和语言边界与文化边界
的不重合，即便没有历史材料可用，欧洲文化的巨大共性也对这
种假设直接提出了异议。屡见不鲜的是，这种种族、语言和文化
分布上的明显不合，使得史前学家无法将这三类材料混为一谈。
但是，有时偶然的巧合会掩盖这个问题。多年来，易洛魁语与易
洛魁文化在大湖区南部相似的分布，被说成是该文化在易洛魁人
分成各个部落之前很早就已形成的证据（Parker 1916）。不同部落
之间的少量文化差异被说成是最近分化的产物。某些讲阿尔冈基
语（Algonkian）但具有易洛魁文化面貌的部落，如马希钦人
（Mahican）和德拉瓦人（Delaware），被说成是被易洛魁同化的结
果，而易洛魁人中所见的阿尔冈基特征被归因于反向的传播。易
洛魁人一般被认为是北美东北部的晚来者，他们是被看作一个拥
有相同语言和文化的单一群体而抵达的。

今天，一种大有改观的易洛魁考古学和语言学知识已经弄清，不同的部落方言早在历史上代表易洛魁人群的文化发展起来之前就已经分化。而且，易洛魁文化看来是从东北地区较早的文化发展而来，而这种早期文化曾被认为专门与讲阿尔冈基语的人群相伴。不同部落文化的相似性看来并非同一文化分化的结果，而是史前期晚期共同发展的结果。由于这个原因，史前学家认识到，他们必须将种族、语言和文化的历史区别对待。

能够用来研究过去的证据基本有两种。第一种是由考古学发现的证据，第二种是现在能够被用来作为推断过去情况和事件之基础的当下证据。

文化历史学

10　　在文化历史学研究中，最重要的证据是由考古学提供的（McCall 1964：28-37）。这类证据包括人类生产的制品，以及这些制品出土的背景。史前学家能够根据这些材料重建古代文化的经济、社会和政治结构，以及艺术和信仰。他们也能够用它们来研究不同器物类型的发展和扩散，以及追溯不同文化之间的关系。特别是自放射性碳和其他地质年代断代方法出现以来，考古学证据的一大优势是对年代学的控制。有可能从时间以及地点上仔细了解文化和个别器物，并更准确地评估它们之间的历史关系。

考古学证据的主要缺点是，残留下来的材料范围很有限。就像我们已经指出的，社会关系和真实的文化（就思想而言）必须从物质文化来推断。一般从人工制品来推断生计形态相对容易，重建社会结构和意识形态就比较困难（C. Hawkes 1954：161-162）。甚至生计形态也并非不言自明，因为人工制品的残存概率因年代、气候和材质而各不相同。在非常干旱和永久冻土中，几乎所有东西都能保留下来，但是在热带森林里，只有石器工具才能幸存。

人类学家也一直设法将民族志特征的分布作为重建史前时期文化关系的一个基础。实际上，"文化历史"这个术语常常指的正是这样的研究。尽管有些学者将自己局限在个别器物或文化片段如排箫、舷外凸架独木舟、骰子游戏或巨石阵的研究上重建历史，但是其他人则设法了解文化的整个历史。这两种努力都包括对文化的性质提出的假设，这种假设常常基于精致而主观的文化发展框架。许多假设关注相似特征在世界不同地区独立发展的可能性，或者它们历史上彼此相关的可能性。相较于考古学研究，分布研究的另一个缺点是，很难确定这些特征何时从一个地区向其他地区传播，或者经常很难找到它们的传播方向。而它们的优点在于这样的事实，即它们能够让人类学家研究文化的所有方面，而不只是那些在考古记录中反映出来的方面。默多克（Murdock）声称，史前学家如果设法分别独立重建几类特征的历史，然后核对这些不同重建彼此是相互印证还是矛盾，那么就能增强根据这种方法得出的结论的历史可靠性（Murdock 1959a：42）。总的来说，文化历史研究看来在与考古学证据结合时，可靠性最大。

有关过去的另一信息来源是现生人群自述的历史。这常常是指口述传统（Vansina 1965：1-18；McCall 1964：37-61）。但是众所周知，这种传统反映了历史真相，但也经常反映了现代的 *11*

社会和政治条件，甚至在那些有强烈愿望要保持其完整性的文化里，这样的故事也会被无意识地代代加工。甚至一度以传递可靠性而闻名的波利尼西亚口述传统，现在知道也与考古学及其他类型的证据不合（Suggs 1960：47-56）。于是，难怪许多人类学家怀疑所有口述传统的可靠性，默多克声称（虽然他从未加以论证），非洲某部落起源的口述传统在一个世纪之后，其可靠性不到25%（Murdock 1959a：43）。口述传统的不可靠并非仅仅限于原始人群。通过对美国中产家庭的研究也能发现，这些家庭是如何根据家庭财富的增长而改写自己的家庭口述史的。

　　口述传统的科学研究明显是一项需谨慎从事的工作，对材料的可靠性要做仔细的评估，一种刻板的主题研究会扭曲历史证据。必须将某群体陈述的故事与其他群体提供的信息进行比较，最后，要将这些故事与考古学证据的独立信息来源进行核对。以这样的方式利用口述传统，能够为遥远的过去提供有价值的信息。但是，不加评判地利用，它们在史前研究中就会造成许多困惑和误解。

体质人类学

　　种族史的研究也有两种类型（McCall 1964：101-106）。不同文化出土的人骨可以通过体质类型的变化来研究。在材料充分的地方，能够重建不同人群的体质特征，以便将因自然选择或基因缓慢扩散而造成的渐变，与那些因新来人群而造成的变化区分开来。如有一大片地区的材料，那么就有可能确定这些新特征或新人群来自何方。就像文化考古学，这种方法的主要缺陷是，除非条件非常特殊，能够保存下来的特征相对很少。那些经常被用来区分现生种族的非骨骼特征早就荡然无存。

另外，现今的种族分布能够提供的有关种族历史的线索十分有限。比如我们能够设想，新大陆所有前哥伦布时期的群体可能都具有蒙古人种的特点，因为这里没有本土起源的人种。另外，任何基于非洲黑人和大洋洲黑人来自共同祖先这一假设的历史重建，都会与相似环境里平行进化的可能性有所抵牾。只有对旧大陆整个热带地区的史前人骨进行详细的研究，才能最终提供正确的答案。

要想单凭体质类型来重建较为准确的历史事件也非常困难。非洲刚果地区卢旺达的图西人（Tutsi）具有一种尼罗河流域的体质类型，不像他们统治的胡图人（Hutu）的体质类型。但是，这两类群体今天都讲班图语（Bantu）。虽然图西人和胡图人之间在体质类型上有别，足以表明前者是该地区的外来者，并能将他们与东部的尼罗河人联系到一起，但是我们无法单凭这个证据来确定图西人是何时以及沿哪条路迁移到这个地区的。只有考古学证据，也许再加上他们自己的口述传统，才能为此提供信息。

要在古代人骨证据与各种现生人群的体质特征比较的基础上构建人群迁移的理论，则更加危险。声称约公元前 2000 年生活在尼罗河流域的一群人与现代希卢克人（Shilluk）有关是愚蠢的，因为这种说法认定后者的基因库在 4 000 年里保持不变。考虑到这一时期非洲发生过的大量基因流动，这是需要证明而非假定就能解决的问题（Trigger 1965：88），并需要有关体质类型的考古学证据。

语言学

　　严格地加以定义，史前学是一门没有文献的学科。因为史前学家缺乏有关古代语言的文字证据，他有关史前期的所有假设都必须以来自今天的语言的信息为基础，或者至少以被记录下来的、晚于他所研究的时期的语言学材料为基础（McCall 1964：62-71）。幸运的是，历史语言学家研究语言历史关系的主要方法，很像文化历史学家采用的比较方法。只要知道了几种相关的语言，某古代语言的音素、词汇和语法就能得到具有某种程度的准确性的重建。通过系统比较基本的词汇，整个语言之间的遗传关系能够与表面借用区分开来（Greenberg 1957：39），而通过词汇的统计学程序，不同语言之间的不同历史关系也能得到具有很大的准确性的重建。被称为语言年代学的特殊词汇统计方法，表明能够确定至少几千年时段中不同语言分化的绝对年代（Gudschinsky 1956）。

　　要得出史前期语言的地理分布，则更加困难。语言学家能够重建一种古代语言，甚至能够说这种语言是何时讲的，但是很难确定它是在哪里讲的或是由什么文化或文化群讲的。为了解决这个问题，语言学家主要通过采用各种文化分布理论，得出某些有助于确定某特定语系从何处起源的规则。这些起源地，要么从该语系主要分支的分布中心附近去寻找，要么从目前属于该语系中

差异最大的地方去寻找（Sapir 1916：76 - 78）。比如，因为努比 *13*
亚人的三个分支目前见于科尔多凡（Kordofan）和达富尔（Dar-
fur），而只有一支在尼罗河流域，所以前两个地区就有可能是努
比亚人的起源地。这个特定结论得到了考古学证据和历史学证据
的进一步支持（Trigger 1966a）。但是，这些规则也有例外，由于
某些历史事件如近代某些语言的迅速扩散，并非所有语言都适合
这样处理。

　　一直以来都是通过环境重建来追溯某语言群的起源。环境重
建就是推测某群体的现在语言词汇中留存下来的动植物名称的
同源词汇①。据此有人认为，印欧语起源于见有鲑鱼和山毛榉的地
区，因此很可能在维斯图拉河（Vestula）、奥德河（Oder）和易
北河（Elbe）附近（Thieme 1964：594 - 597）②。目前对原始班图
语也在做相同的研究（McCall 1964：69）。相似的方法也被用来
重建与原始印欧语相伴的文化，将来，这有可能在考古学证据和
语言学证据之间建立起一种更紧密的对应关系。这类研究面对的
一个主要危险是这样的可能性，即技术性术语会传播得更远更广，
于是会对整个原始语言造成以偏概全的印象。

　　最近，特别是在非洲史前史的研究中，存在一种过分信赖语
言分布作为族群移动之决定性证据的倾向（Lewis 1966：38；
MacGaffey 1966：13 - 17）。必须牢记的是，语言的传播可以没有
重要的人口移动，就像拉丁语在西部罗马帝国臣民中的传播。还

---

① 同源词汇是两种或多种语言中能显示是从同一祖先词汇派生而来的词汇。
② 但是，该特定结论看起来并不能得到考古学证据的支持（见 Gimbutas 1963）。

需记住的是，移动的人群未必携带着他们祖先的语言。要当心，不要把语言的传播只作为人群迁移的结果来解释。

小　　结

根据这样的研究思路，我们就有可能了解史前期发生的种族、语言和文化的某些变迁。这些领域必须利用合适的材料予以独立的研究。只有做到这一点，我们才有可能研究在某特定历史条件下这些不同种类的材料之间的关系。

第三章

社会与文化

定　义

社会能够被定义为彼此往来人群形成的习惯性社会关系网络，而文化则简单地以人们脑子里持有的想法为特点。尽管能够观察社会交往，但文化只能根据人们的所作所为来推断（Radcliffe-Brown 1957：43 - 75，92 - 104；Wallace 1961：6 - 44）。物质文化是范围极为有限之人类行为的产物，因此是重建过去之非常有限的依据。

因为所有社会互动都建立在作为行为指南的思想和预判之上，所以在社会与文化之间存在一种密切的关系。而且，同一社会系统的人群可望共享许多共同的思想。正因为如此，许多人类学家并不明确将社会与文化区别对待，而偏好将它们作为社会文化现象相提并论。但难免的是，史前学家倾向于从文化而非社会结构来思考问题。这是以下两点造成的自然结果：他们的研究材料是人工制品，而且他们的大部分工作是对这些人工制品在它们作为它的一个组成部分的文化中的作用做出层次较低的推断。虽然史前学家总是关注从总体上重建史前的生活方式，但是他们一般将史前人群的社会结构以及信仰和价值观分别对待，而非作为一个系统来对待。比如，尽管他们想知道，某特定文化是母系社会还是父系社会，但是其答案则要从列举有铤箭镞和磨制石斧等其他文化特征来考虑。他们很少努力从一种结构观点来分析史前的社会结构。只是最近，有些史前学家在研究史前的社会结构时，才意识到没有将社会作为系统而是作为文化的不同方面加以处理的局限性（Deetz 1965；Longacre 1964）。将这两种途径联系起来的
15　问题，逐渐促进了对社会与文化的关系以及史前研究中对这种关系意义的再研究。

文化单位

　　史前学家设法用他们发现的器物组合来描述文化的形态。为了做到这一点，他们想出了各种排序单位系统，以便对这些组合进行比较。最基本的比较单位是组（component），它被定义为某遗址历史栖居的单一阶段（Willey and Phillips 1958：21－22）。

如果一个组要有意义的话，那么将其分开的时间段必须足够短，以便我们能够推断，该组代表了文化发展某一点在该遗址栖居的人群。在某长期利用遗址所见的各种组，一般能根据自然层或文化层的办法将彼此分开。

由于发现的组是如此之多，它们都被统一归组以形成较大和较有历史意义的单位。在史前学的婴儿期，这些单位极为一般，只是设法反映某种发展形态的某一般性阶段（stage），而这种发展形态被认为是单线和放之四海而皆准的。这种早期分类的一例，就是克里斯蒂安·汤姆森对史前期石、铜、铁的三期划分。19世纪下半叶，考古学家日益了解人类的古老性，史前考古学和更新世地质学的关系非常密切，努力构建文化发展的普遍性框架变得日益流行。加布里埃尔·德·莫尔蒂耶（Gabriel de Mortillet）将旧石器时代划分为阿舍利、莫斯特、梭鲁特和马格德林等阶段，每个阶段以特定的石器工业为特点，采用文化的而非古生物学的标准来定义各个时代（epoch）①，在许多方面是设法将地质学序列沿用到现代。

但人们很快发现，这种古生物学和史前学的类比远不尽如人意。首先，世界的不同方面在同一时代的发展阶段是不同的，所以，文化历史的"时期"和"年代"与地质学较为缓慢的变化之间并不能紧密地对应。同样明显的是，部分由于环境的原因、部分由于历史的原因，各种社会的被认为是处于相同发展阶段的文化的内涵常常差异极大。到了19世纪中叶，丹尼尔·威尔逊曾指出，虽 *16*

---

① 此概念对人类学理论有长期的影响。1889年，在一项对婚姻与继嗣规律发展的著名研究中，泰勒（Tylor）将人类的机构与地质学的地层做比附，并加以发挥："彼此在系列上的演替在全球根本上是统一的……但是由人类相同的本性塑造的。"

然丹麦人和盎格鲁-撒克逊人在同一发展阶段比邻而居，但是与两类人群相伴的人工制品却有所不同（Trigger 1966b：8）。最后，随时间而越发明显的是，世界上所有的文化并不经历相同的发展阶段。

于是，尽管阶段概念从未被完全摒弃，但是史前学家试图以构建较小和普遍性不大的组，以更详细的方式来解释考古材料。这些单位一般被称为文化（cultures）或段（phases），后一术语主要用在美洲，而前者主要用于旧大陆。虽然几乎完全根据典型器物组合来定义，而且常常根据少数几种独特器物类型来定义（Kluckhohn 1962：75–76；Rouse 1965：5），但总的来说考古学文化被认为是共享一种生活方式之人群的产物，这与民族学家定义的文化意思相同。这种民族学文化是一种不断发展的传统，其物质遗存一般代表了它们发展的各个阶段。或如路易斯·蒙福德（Lewis Mumford）生动陈述的那样：

> 只有物质文化总是保持分层的。而非物质文化的性质是呈纤维状的，虽然长线会断裂，但是它们穿过每个层位，甚至当看不见它们的时候，它们仍然继续存在。（Kraeling and Adams 1960：227）

该假设最严重的问题是，物质文化的同一性或密切关系是否代表文化所有方面的同一性，包括语言、社会结构和意识形态。

有些史前学家试图将考古学文化等同于特定的"部落"或"人群"。1911 年，德国考古学家古斯塔夫·科西纳（Gustav Kossinna）提出了以下关系：

> 明确定义的考古学文化区在所有时候都与十分明确的人群或部落相对应；文化区就是民族区，文化群就是民族群。（Childe 1956：28）

1956 年，戈登·柴尔德（Gordon Childe）是如此定义考古学文化的：

> 文化是一种反复共生的器物组合，这些器物随意的独特性被认为是将某人群维系在一起的共同文化传统的具体表现。（Childe 1956：2）

这两个定义强调了考古学文化的社会学维度，将其视为社会紧密互动的产物，并将基本的文化单位与特定的部落或人群对应起来。

有感于这样的定义需要对文化的性质做不当的假设，其他史前学家更加偏好基于所比较组中所见器物式样共性数量的较为客观的定义。比如，威利（Willey）和菲利普斯（Phillips）就采用以下文化定义：

> 一种足以与其他一视同仁的单位区分开来的考古学单位，*17* 不管是相同的还是其他的文化或文明，空间上都要有地点或地区重要性的排序，而在年代学上都要有一种相对短暂的时间间隔。（Willey and Phillips 1958：22）

这个定义明显基于内容的异同，尽管仍不甚明了，但被看作能够以量化操作的定义。而且，它刻意对何种社会能够与某考古学文化相对应的问题不置可否。威利和菲利普斯强调了这样的观点，即没有一种类型的社会单位能够对应于某考古学文化，而且，社会单位和文化单位的边界极少重合。

两种定义都提出了一些重要的问题，让我们看看：（1）为何社会方面必须要从文化的定义来考虑？（2）这样做的危险是什么？（3）这种表面上的矛盾如何解决？

显然，内部差异能够表现而且确实表现了文化的特点。一个小型城邦国家的都市中心有别于其门外的农村，就像一处临时的易洛魁捕鱼营地根本不同于他们的主村落。爱斯基摩人海边冬季营地中所见的工具和房屋有别于内陆夏季营地所见的工具和房屋（W. E. Taylor 1966）。但是，这些差异基本上是生态的或社会的。如果考古学文化概念要符合享有共同历史传统的某人群之生活的所有设计的民族学要求，那么这个定义就必须灵活得足于涵盖这种形态内所见生活方式的各种差异。这就排除了仅从考古学文化的组之间的相似性来定义考古学文化的可能性。

在复杂社会中，生活方式可能以阶级划分而有明显的区别。有时，整个社区被某阶级成员居住，于是从考古学来看，组与社会阶级之间就有一种对应关系。由于贵族居住的遗址和下层阶级居住的遗址之间存在文化差异，这些遗址有时会被认为属于不同的文化。比如，有人提出，玛雅农民和贵族可以明显作为不同的人群或族群来对待（Rouse 1965：9-10）。但是，这两种阶级或社群不大可能被认为是不同的族属。民族学家的文化观念是一种生活的全套设计，根据这一标准，玛雅农民和贵族最多能被看作玛雅这一共同文化的亚文化。

另一个问题是定义外部边界。人类学家过去认为文化是内在同质的，并拥有分野清晰的边界。如今他们日益明白，文化差异除了明确划分的边界外，常常表现为渐变或呈梯度变化（Leach 1960，1961b：3）。而且，文化边界倾向于按被选出来定义它们的标准的具体性程度而异。在这种情况下，文化单位的定义常常是高度主观的，对于用有限证据进行研究的考古学家而言，这个问题更加严重。根据一种表面分析，他可能定义了一个考古学文化，但经过比较仔细的分析，表明它是一系列相关的"文化"（也就是民族学家所说的文化区）。另外，许多情况是在很大一片区域里存在或多或少固定的变异，这里的文化单位必须以一种基本上主观的方式来定义。史前学家在定义文化时所必须对付的概念问题，很像是体质人类学家在试图划分种族群体时遇到的那种情况（Garn 1962：12-22）。

单凭这些理由就清楚的是，对含相似器物组合的遗址进行纯粹式样上的归组，未必能得到与民族学家的文化概念相同的考古学单位。或多或少必须考虑某些社会因素。

社会结构

就像我们已经指出的，许多考古学家将社会看作文化的一种特征。为了描述一种文化，他们将一批特征组合到一起，其中包括他们发现的一些器物类型，并对其生计形态、社会结构和价值系统做某些推测，在《历史的重建》（*Piecing Together the Past*）这本书里，柴尔德提供了这种类别组合的概要（Childe 1956：124-131），简述如下：

A. 经济

1. 生计（包括栖息地、食物、取暖、掩体等）

2. 工业（包括石头、金属、骨头、木头等）

3. 运输

4. 贸易

5. 战争

B. 社会
   1. 人口
   2. 家庭
   3. 城镇规划
   4. 社会结构

C. 意识形态
   1. 科学的
   2. 宗教的
   3. 艺术的
   4. 运动的

马丁（Martin）、昆比（Quimby）和科里尔（Collier）将北美考
19 古学文化的概述用地点、人类体质类型、村落布局、生计、陶器、
工具、家什与武器、烟斗、装饰品、乐器和墓葬等标题加以编排
（Martin，Quimby and Collier 1947）。

所有这些努力，类似于他们将社会当作"社会的文化"而非
一个社会关系系统来对待。当然，没有理由不这样做。埃及前王
朝时期的阿姆拉（Amratian）文化能够被合理地形容为以村落生
活为特点，很可能缺乏任何形式的国家政府。但应当了解的是，
这和试图重建阿姆拉村落或部落单位的社会关系不同。在前一种
情况下，社会是被作为文化的一个方面来观察的；而在后一种情

况下，文化是被放在社会系统的框架里来观察的。

有些考古学家，特别是对民族志材料不甚了解的考古学家，会认为在文化形态和社会系统之间很容易找到对应关系。比如，许多人认为，某考古学组对应于某社群，某文化对应于某部落，而一系列相关的文化对应于一个文化区（MacWhite 1956：6‑9）。简单对照一下，就会发现这些结论在每个层次上都不适当。显然，没有人会把一年里只用了几周的某遥远捕鱼营地或屠宰猎物的狩猎遗址指认为某个社群。在许多狩猎群里，一年的某个季节他们会聚到一起形成一个大型的游群，但在其他季节他们就分裂成较小的群体。如果我们将社群这个术语等同于游群（至少在一年的大部分时间里一起面对面生活的最大群体）的话，那么在一年里该游群栖居的所有遗址都必须被看作单一社群的表现。

同样明显的是，没有一个社会单一或政治单位总是与单一形态的物质文化相匹配。可以发现很多例子显示，拥有相似物质文化的人群会有不同的社会、政治或语言关系。也会发现相反的情况，其中相同的社会群体或部落采取不同的生活方式。其中一个例子就是富拉尼人（Fulani），他们有的是游牧者，而有的则是定居农人，他们所有人大体作为一个少数民族散布在其他群体当中（Murdock 1959a：413‑420）。在埃及早王朝时期，当地文化与埃及王国重合；另一方面，同一时期受美索不达米亚文化影响的地区分成了一系列自治的城市国家（Frankfort 1956）。甚至在简单的食物生产层次，政治单位、社会单位和物质文化单位之间常常也没有一一对应关系。在易洛魁五大联盟中，当地考古学文化能够分别与五个历史部落对应（MacNeish 1952）。但是，这些部落形成了一个政治联盟。而相邻的休伦人（Huron），他们在许多方面与易洛魁人相似，只见一种考古学文化，但是我们知道该群体由四个部落的联盟组成。在苏丹，努尔人（Nuer）和丁卡人（Dinka）共有一种大体相似的物质文化，但是包括了不同和相互对立的部落。

　　显然，考古学文化无法以任何机械的方式与社会群体如部落、游群或民族对应。其原因并不是技术问题，比如材料的不充分，而是物质文化的分布未必与社会结构和政治结构吻合。柴尔德认识到这个问题，并指出"某考古学文化所对应的社会只能用非限定的术语'人群'（people）来指称"（Childe 1956：133）。但是，人群并非一个技术名称，因此我们必须质疑，柴尔德的这种用法是否有任何实用的意义。通常，该术语的用法意指拥有团结意识和一致认同的群体。但是，这种认同会建立在不同的基础之上。瑞士人讲四种语言，但是具有一种相同的政治认同意识。然而，库尔德人（Kurds）有一种强烈的族属认同，但是从未形成一个国家，他们故土的不同部分目前被土耳其、伊拉克、俄国和伊朗管辖。可以发现许多例子，享有共同文化的人群（用考古学术语来说，很可能是同一文化）未必共享一种认同意识，因为他们首先效忠于范围较为有限的国家机构。在今天的世界上，各拉丁美洲国家可为一例，苏格兰和英格兰可为第二例，盎格鲁-加拿大和美国可为第三例。而且，认同意识常常根据情况而有所不同。特别在较为复杂的社会里，个人可能具有许多不同的忠诚度，从其家族或社群，外延到国家乃至整个人类（Nadel 1951：184-188）。

　　因此，统一的物质文化未必能证明与其相伴的人群就具有一种强有力的认同意识，同样，物质文化不同也未必能证明他们缺乏认同意识。但是，如果"人群"这个术语仅指拥有共同物质文化的一个群体（明显如柴尔德建议采用的那种），那么这个术语就是多余的和毫无意义的。威利和菲利普斯正确地指出，某考古学文化无法自动等同于任何特定的社会单位，社会单位必须根据它们自己的方式来定义。柴尔德和科西纳正确地声称，考古学文化的定义完全是类型学的，并没有考虑社会因素，这便有将同一群体生活的不同方面分成不同文化的危险。要解决这个两难问题，我们必须重新考虑史前学的某些基本概念。

社群概念

尽管从民族学意义上说，某文化是指一种生活方式，但它也是一批特征的组合，各种特征也可能存在于相邻的文化中。由于这个原因，民族学文化的边界常常至少部分根据社会标准来定义。因此，当我们谈及努尔人的文化时，我们是指一批有特殊称呼的群体所拥有的特征，不管相邻群体是否多少拥有这些特征。事实上，很可能除了那些维护该部落族群身份的特征之外，几乎没有什么特征完全是属于努尔人的。文化与特定人群的这种联系是可能的，因为民族学家能够观察包括民族身份在内的所有特征。而对于只有物质文化可供研究的考古学家来说，要划分有意义的族群边界是很困难的。考古学文化无疑是而且将仍然是基本根据物质文化来定义的单位。因此，必须牢记的是，基于这些标准的归

21

组未必与用来划分各种社会关系形态的其他标准吻合。所有解释都始于组，正是根据对组的基本分析，其他研究策略可以被用来把社会单位与文化单位比较紧密地联系在一起。

我们对与某组相伴的社会结构能够做许多推测。比如，从考古材料，我们可以确定该组是否一处永久性居址、一处季节性营地，或一处屠宰地点，或一处燧石矿。这种信息是推测与组或组群相伴的社群结构的基础。当然，我们所谓的社群，一般是指（一年里至少有部分时间）朝夕相处的人群（Murdock 1949：79）。对于永久性村落，其主要组一般等同于一个社群，而附近同一文化的某些营地常常被证明是与该主村落相伴的临时居址。但是，在狩猎采集文化里，只有从统计学上定义社群的可能，而无从实际居址的形态来描述它们的可能。比如，考古学家会指出，某地区他只发现一处较大的冬季营地而有十处较小的夏季营地。这可能表明，某游群在冬季生活在一起，而在夏季分裂，形成较小和较为分散的单位。在遗址分布较为均匀的地方，可能就无法确定，冬季营地里居住的那些人群在夏季又住在哪些夏季营地里。不过，还是有可能对栖居在该地区的人群的平均规模和构成有所了解。从理论上说，考古学家在定义原始社会的社群时，要尽量避免把同一文化之季节性差异的表现归为不同的文化。但实际上，常常很难确定遗址的同时性以及每个遗址在一年里被栖居的时段。这意味着，我们对材料的控制远不充分，而解释常常包括了许多无法证明的假设。不过，考古学家一旦定义了一批社群形态，就可以进而将拥有相似物质遗产的社群指认为同一类考古学文化。

在比较复杂的社会里，情况会比较麻烦。我们会发现它们当中的社群彼此不同，然而以一种功能性的相互依赖维系在一起。在少数复杂的社会里，统治贵族与其统治的民众有不同的起源，在这种情况下，两类群体倾向于保留各自的传统，我们可以说这些群体在族属上是不同的（Murdock 1959a：350）。若统治者与农人文化背景相同，只是生活标准和文化考究程度有别的话，那么这种生活方式的差异一般被认为是一种亚文化的阶序。因此，即使整个社群是这些亚文化的不同部分，它们仍然是某单一文化的组成部分。

因此，一种考古学文化能够被定义为享有共同的物质文化或在物质文化上的差异不大于同一传统里栖居或阶级差异的一组社群。于是，一种文化可以根据从社会定义的最小单位（也即社群）所见的类型学相似性来定义。尽管对于相似性的确切程度并未达成共识，但是有一种进一步的约定，就是一种文化应该正常反映生活的整套设计。

但更加重要的是，除了基于物质文化的相似性外，社群还能被用来追溯关系。我们已经提到，美索不达米亚的早期城市国家与埃及的早期国家有别。即便没有文字记录，许多大小相似的筑墙城市的发掘也显示了美索不达米亚可能有城市国家结构。而在埃及，皇家墓地往往是一个朝代一处，可以推测该国家处于某种强大的集权控制之下，许多已知王国的边界与其相伴文化的边界并不一致。实际上，过去许多大型帝国融合了许多独特的文化。为了推断史前的政治单位，有必要在很大区域里确定居址的分布，但结果并不尽如人意。在西班牙征服时期，墨西哥高地分成了许多很小的城市国家，每个国家有一个含主要庙宇和宫殿的首都。

在最近对墨西哥城附近特奥蒂瓦坎（Teotihuacan）河谷的勘探中，成功地获得了较早时期城市国家的形态（Sanders 1965）。但是，在玛雅地区，对于许多大型祭祀中心究竟是独立国家的首都，还是较大玛雅帝国内的区域中心，仍存在争论（Coe 1961）。

　　在极少数情况下，社群也能根据它们的语言关系来归组，虽然这单凭考古材料肯定是无法做到的。遗憾的是，虽然知道了史前期某些语言的分布，但是常常很难以比较高的准确性来划分语言的边界。这常常是将单一语言与某特定考古学文化联系起来做到的。当然，这样做是有危险的。比如，单凭考古学证据，未来的史前学家可能无法确定，苏格兰北部哪些村庄讲盖尔语，而哪些村庄讲英语。同样，尽管许多考古学家分辨出西欧拉坦诺文化（La Tene culture）是讲凯尔特语的人群，但是很明显，从历史学和语言学研究的结果所知，并非所有凯尔特人都拥有拉坦诺文化，而有些非凯尔特人却拥有拉坦诺文化（De Laet 1957：87）。所有这类语言学研究的主要问题，在于我们前面谈及的对地理学因素的控制难度。只有在能够独立于物质文化来重建语言的分布时，才有望做到这一点。

23　　考古学家也十分关注经济互动的形态。但是这类研究不大关注个别的社会和文化，而是关注物产的长途流动以及与其相关的社会机制。其中特别值得注意的这类遗址包括印度河河谷的贸易机构，它们位于苏美尔（Sumerian）城市或亚述（Assyrian）贸易站的外面，而前者是在公元前第三个千年的末期于安纳托利亚（Anatolian）城镇郊外建立的（J. Hawkes and Woolley 1963：454，609-610）。这类材料不仅有助于追溯原料和产品的来源以及它们经过的路线，而且有助于解决诸如贸易是由独立的商贾控制还是由各国政府控制等问题。采用一种比较灵活的观点，并用社群作为起点，史前学家能够将相关的社会关系作为一种有意义的网络而非仅把贸易视为不同文化之间的一种外部接触来对待。

将社群作为一种基本单位进行处理，便有可能采用各种标准，如器物类型、政治结构、经济关系和语言，将这些单位联系起来。采用不同标准所得出的整个形态肯定是不一致的。这种方法的灵活性能够让史前学家从过去本身来观察其不同的方面，而非在一种刻板的框架里主观地定义文化。以这种方式进行的历史重建才有可能接近活体文化的复杂性。

物质文化的历史意义

文化历史学意义的一个更大问题是，某单一组或文化中所见的各种器物类型是否能够作为同等依据来代表该文化，抑或处理各种器物类型时应当独立观察其历史意义。

詹姆斯·V. 赖特（James V. Wright）首次研究了 17 世纪安大略北部印第安部落的历史考古（Wright 1965）。这些部落大部分讲奥吉布瓦语（Ojibwa），共有一种狩猎采集的生活方式，并明显有别于生活在南部较为温暖和肥沃地区的定居农业部落。奥吉布瓦游群由于积极参与皮毛贸易，故而在 17 世纪可能比以前移动更自由。

在观察了该地区的五个历史遗址后，赖特发现没有一致的组合特点能够证明它们之间有密切的时空关系。相反，他发现五个遗址中来自遥远地区如安大略南部、密歇根、威斯康星和马尼托巴的特点比例各不相同。显然，这些游群拥有的陶器类型更多反映了他们与该地区以外群体的接触，而非他们奥吉布瓦民族身份的标志。可能的是，陶器传统明显缺失本土特点反映了北部狩猎群体中陶器的相对不重要，赖特遇到的这种情况显然与南面较远的讲易洛魁语的人群差异很大，那里的本土陶器在形状和装饰上的传统非常明显，成为族属划分的敏感标志。顺便提一句，这个例子提醒我们，相同类型的证据（在此是陶器）在不同的文化里具有不同的意义。

　　从这些奥吉布瓦遗址出土的石器工具中，赖特发现了较大程度的时空一致性，他认为这些石器是该地区物质文化中比较本土的方面，因此是分析时空关系的较好证据。但是，石器工具套代表了本地区人群开拓环境技术的重要组成部分。因此，石器在该地区广泛的相似性很可能反映了对相似环境的适应而非族群身份的标志。由于这个原因，在安大略北部，石器在指示族群关系上可能并不比陶器来得高明。

　　第二项研究是威廉·Y. 亚当斯（William Y. Adam）对北苏丹 X-群体或巴拉那（Ballana）文化的讨论（William Y. Adam 1965）。该文化在这一地区麦罗埃（Meroitic）文明崩溃后的公元3世纪至6世纪繁盛。主要发掘墓葬的考古学家曾指出了这两种文化之间的各种差别，并下结论认为，前者曾发展到下努比亚之外的地方，并由外来入侵者引入，完全取代了麦罗埃文明。巴拉那文化的可能起源地并未被找到，但是各种说法认为它在贝雅

(Beja) 以东，或柏柏尔（Berbers）以西，或努比亚以南。麦罗埃文化与巴拉那文化之间的明显共性被归因于两者共同的传统基础，或者巴拉那文化在进入下努比亚之前所受的麦罗埃影响。

在亚当斯对巴拉那文化的研究中，他将考古学证据分成不同的类别。他指出，家庭建筑和聚落形态从麦罗埃时代到巴拉那时代是连续的；在政治组织和宗教上（以建筑和铭刻为代表），存在麦罗埃国家解体和国家宗教衰落的证据；在陶器和家庭意识方面，几乎完全受罗马和拜占庭的影响，而在葬俗上看来遗体采用了新的头向，并引入了人牲的葬俗。因此，文化证据的某些方面显示出连续性，但是也见有来自埃及传播而发生的变迁。估计，随着麦埃罗远在南方的主要中心的衰落，下努比亚转向埃及寻求未来的文化灵感。在物质文化方面，只有新的葬式表明，可能有非埃及起源的外来影响，并可能被用来支持那时有人群迁到努比亚的思想。但是，甚至这项特征仍有很大的可能是独立发明的。亚当斯对同种类特征的分析清楚地表明，无法为巴拉那时期之初发生的所有变迁找到一种解释，而且过分依赖一种证据如葬俗（或乃至陶器）也将是非常危险的。

这些文章很好地证明了仅通过比较不同组之器物之间的式样异同来定义文化和解释历史事件的局限性。由于生态和文化的原因，不同类型器物的历史意义可能会因不同文化而异。而且，特定类别的物质文化的历史意义在每个文化中未必相同。

这说明，我们只有首先知道某些东西在其社会里的功能意义或作用，才有可能了解某项特征的历史意义（Steward and Setzler 1938）。在某种意义上，这是个令人沮丧的结论，因为我们常常很难知道许多特征的功能意义。尽管对微痕做了非常仔细的显微研究，但是对许多旧石器工具的技术功能仍一无所知（Semenov 1964）。考古学家也几乎没有什么办法确定那些疑似宗教和魔术器物的功能（Sears 1961）。对各种器物在它们整个文化中功能意义的比较充分的了解，不仅有助于历史重建，而且能够为史前期社会研究方法与文化研究方法之间更紧密的互补做出榜样。

第四章

文化变迁

在史前学家中，文化变迁研究基本上是关注发明、传播和迁
移（Kroeber 1948：344-571）。一般认为，这三个概念如能被令
人信服地运用，就能被用来解释考古材料中所见的所有变化。大
量文献围绕其中的某个要素各抒己见，而更多文献则围绕着作为
因子的某个要素在文化变迁中相对更为重要而争论不休。

发　明

从词义上说，发明或创造意味着任何新意识的诞生，也即认
识到了先前对于发明者来说一无所知的东西。发明是一种"突
变"，它通常是由一种意识通过实践而改变，或者结合了几种旧的

意识而产生了一种崭新的意识（Kroeber 1948：352－374；
R. B. Dixon 1928：33－58）。这一概念完全排除人们从外界获得的
新意识。大部分发明，就像大部分生物突变一样，是微不足道的，
或因它们的异质性太强，或因它们仿效了一些已为人知的东西。
解答填字游戏就是后一种发明。

为此，发明一词最常见的是指社会中的重大创新，不管是一
台新机器或一项技术革新，还是宪法的修改——如代议制政府的
发展，还是一种科学或哲学上的发现。发明可以是规划研究的结
果，也可以是偶然的发现。许多重大的变迁，特别是在社会领域，
一般都不是单一发明引起的结果，而是许多小发明积累的产物。
这些发明往往是由不同的人同时完成的。

传播与迁移

27   传播一词是指一种发明被社会接受的过程，它是指新的意识
或新的文化特征从一个人或一群人向其他人及其他群体的扩散。
如果发明与突变之间有相似之处，那么传播可以被视为一种选择
过程。通过这一过程，一种特征或被采纳到一个文化的组成部分
中，或将取代原来的一种特征。一种特征的成功传播是个人及群
体对其表示欣赏和采纳的权衡过程的结果。这种权衡是根据该社
会的需求和信仰体系做出的。一个文化所做的选择并不一定是其
他文化要做的选择（Erasmus 1961：17－97）。特别在技术方面，
新特征的采纳取决于它们是否被认为能促进本文化更有效地开拓

其环境。

　　一些人类学家对初级传播和次级传播做了区分，前者发生于特征发明的文化内部，而后者是指特征向文化外部的扩散（R. B. Dixon 1928：59，106）。有人声称，一种特征在其被发明出来的文化内部的传播概率要大于被其他文化采纳的概率，因为那里的需要和价值观可能不同。许多特征可能分开单独传播，也可能一起传播。当一个群体完全接纳一种外来文化时，这一过程被称为同化（Kroeber 1948：415 - 428）。一起扩散的一批特征可能是功能上相联的，也可能是互不相关的。前者常常被称为"组合特征群"，例子之一是马具。它们看来是在中亚起源的，除马以外，由缰绳、马衔、马鞍、马鞭、挽具以及马车组成。母马的奶是一种食品（R. B. Dixon 1928：158）。这一系列特征除了食用马奶外，扩散到了整个北亚和欧洲。其他一些特征群可能在功能上并不相联，只不过是同时扩散而已，因为人群之间存在的各种接触使得它们能够这样传播。附属特征群趋向于比固定搭配的特征群更易消失，而且很容易被改造和替换。

　　传播包括意识的扩散，这种扩散应当与由贸易或战争造成的器物扩散区别开来。例如，爱斯基摩人与欧洲人做铁器交易，而这些器物成了他们文化的重要组成部分。尽管如此，他们从来没有自己动手生产这些工具。换言之，尽管使用铁器的意识已传播给了爱斯基摩人，但是生产铁器的意识却没有。从一种文化观来说，声称铁器已传播给了爱斯基摩人是不准确的。我们是指爱斯基摩人从欧洲人那里获得铁器工具。他们这样做意味着爱斯基摩文化已无法再自给自足，而必须依赖欧洲人的技术，这说明了传播的另一种特点。

当某特征从一个文化移到另一个文化，一般很少把所有属性都一起带过去。在独木舟外侧附加一个托架（outrigger）的意识可能是从一个文化传给另一个文化的，但是采纳一方文化中的船很可能是按当地木匠的工艺传统生产的，因此它们很可能与原来文化中的船差异很大。火药化学配方的基本知识是从中国传到欧洲的，但是欧洲的技术和政治体制与中国的不同，所以火药的发展也不同，结果它在欧洲所发挥的作用与在中国的用途大相径庭。一个有限传播的极端例子是 1821 年文字从美国人向切罗基人（Cherokee）的传播（Kroeber 1948：369‑370）。一批叫西夸亚（Scquoya）的混血印第安人不懂英语，但是观察了他们美国邻居而领悟了基本的概念，即可以用书写符号来代表某种发音，他们自行发明了 86 个字母的字音表（许多借自英语字母表，但与它们原来的发音完全无关），他们用这些字母来书写自己的语言。在这个例子中，只是书写的意识，而不是字母表，更不是原来的字母发音，从一个文化传播给另一个文化。这种极端例子有时被称为刺激传播或刺激发明（Kroeber 1940；1948：368‑370），即仅仅是总的原理而非一种复杂发明所拥有的所有具体内容被传播出去，也就是说，一个新发明中的大部分内容是由这种总的原则激发的。从某种意义上说，几乎所有文化间的传播例子都是刺激传播的结果，因为一种特征很少会在从一个文化向另一个文化传播时，附带着所有技术的更不要说概念上的属性了。对于一个国家比如中国来说，要制造自己的原子弹，其科学家不一定要知道美国人是如何制造螺帽和螺钉的。

值得指出的是，传播常常造成一种特征的远距离扩散。这是因为一种意识从一个人传给了另一个人。一群人携带着自己的文化迁徙也会造成一种特征在地理上的扩散，但是这种扩散并非传播，因为在迁徙之后并没有新的个人或群体接受了这些特征。相反，一名移居美国的移民学习英语和美国行为方式是文化传播的例子，尽管这种传播根本没有特征或特征群在地理上的扩散。传播是指文化特征由人向人，最终造成群体向群体的社会性扩散，而不是指它们在地理位置上的移动。

基于这一点，我们必须区分意识的扩散和人群的移动，后者一般被称为迁移。这两个概念往往并未被明确地区分开来。因为有人认为，意识的扩散总是通过人际接触和交流而发生的。屡见不鲜的是，迁移被列为传播的一种，而它与传播的区别在于，迁移是通过人群的大规模移动而发生的，而传播则没有人群的大规模移动（MacWhite 1956：17）。事实上情况要复杂得多，并且这种定义只会模糊意识扩散和人群移动之间的区分。比如，一群人的扩散可以导致一个文化的地理上的扩散，而并没有将这个文化的成分传给新的群体（例如维京人在新大陆的定居）；另一方面，人口移动可以是文化传播的一个重要因素（例如西班牙人征服和定居墨西哥）。而在其他例子中，文化可以没有人群移动而传播（例如拉丁文化扩散到西部的罗马帝国），或人群移动的发生可以没有文化传播（移民的整体同化）。所见种种现象的不同结合表明，人群迁移和意识传播是互相独立的概念，我们在解释历史现象时，最好能把它们从概念上区分开来。

29

分辨独立发明、传播与迁移

史前学家对制定规则十分关注，以便使他们能够区分由传播、迁移和独立发展所导致的文化变迁。他们所用的材料要么得自考古发掘，要么得自分布研究。一般来说，史前学家对调查个人层次上的这些过程没有多大兴趣，但是对分辨这些个人如何参与文化或大型社会单位间的相互作用则有兴趣。在这一层次上，独立发展一般意味着特征是在被探究之文化的内部被发明的，而传播意指文化间的传播。

发明行为的证据在考古记录中是罕见的。如果存在，它常常也以一种异质性的造型式样出现，因其独特之处而易于分辨。但是，有些发明由于在任何文化中都不被采纳，所以从历史上说是无价值的（Rouse 1960：313）。有人常说，某特定文化中存在某种发明，因为在一个与之相关的早期文化中发现了这些新特征的祖型。例如，外敷泥浆的篮子常常被认为是陶器的雏形（Arkell 1957）。但是，在大多数情况下，这种假设仍然停留在一种猜测层面。

同样，传播或迁移的确凿证据在考古记录中常常也是罕见的。在短期内发生重大变迁的地方，史前学家试图发现，这些变迁是携带外来文化之新人群到来的结果，还是新特征貌似本地发明的结果，抑或是从其他地方传播而来的特征。

大部分论述如何区分传播和独立发展的理论文献都产生于，

想在缺乏考古学证据的情况下对特征的分布做历史解释的企图。
一般认为，如果一种特征在一个广阔区域内呈连续分布，那么，
它很可能有单一的起源，后来传播开去。如果特征的证据不见于
其目前的传播范围以外，那么这也是一个证据来假定它起源于该
区域内的某地。在考古学证据缺乏的地方，文化历史学家倾向于
设想（很像语言学家关于语言谱系起源所做的那样），如果所有其
他因素相同，一种特征很可能起源于靠近它目前分布区域之中心
的某地，或目前其最发达和最复杂的地区。类似这样的原则首先
是由爱德华·萨皮尔 1916 年在他的《美国土著文化的时代观》
(*Time Perspective in Aboriginal American Culture*) 中阐述的，
之后被纳尔逊（Nelson）、克罗伯（Kroeber）、威斯勒（Wissler）
及许多其他人类学家采用 (Nelson 1919；Kroeber 1925；Wissler
1927)。像旧的特征一般比新的特征分布更广的原则，现在被认为
例外太多而没有什么用处 (R. E. Dixon 1928：69 - 72)。同样，特
征组合是从一个共同中心发展并扩散开去的这个曾经十分盛行的
理论也受到质疑，因为它忽视了这样一个事实，即在一个组合传
播的全过程中可以融入许多新的特征 (R. E. Dixon 1928：167 -
181)。尽管如此，大多数人仍同意，只要谨慎地予以应用，分布
上的分析能够提供具有历史价值的结果，特别是在一次分析只限
于一种特征时。

　　当民族学家企图解决非连续的特征分布时，严重的分歧出现
了。并且，正是在这个方面发展出了各种被认为能够分辨传播和
平行发展的技术。这些理论中没有一种从统计上证实了其可靠性，
它们大多数是基于有关文化和人类心理之性质的一般而无法检验

的假设。那些相信不同的人群很容易做出相似决断的人倾向于认为，人类历史上的平行发展是司空见惯的；然而，那些相信人类并不善于创新且任何一种复杂发明都不可能重复发生的人强调，传播是造成文化变迁的一个重要机制。从心理学观点来评价这些看法的尝试，大部分仍然是凭印象出发的。

第一位详细阐述平行发展的人类学家是阿道夫·巴斯蒂安（Adolf Bastian）（Daniel 1963：107；Lowie 1937：30-38）。巴斯蒂安周游甚广，认为所有人类的大脑大致是相同的，进而断言，在类似的情况下，人类对于同样的问题会做出相似的决断。因此，世界上不同地区的文化发展基本上遵循着相似的轨迹，不管这些地区之间是否存在联系。莫尔蒂耶在他提倡其"相同发展法则"时，脑子里就有这种想法。基于这种想法，他认为法国所发现的旧石器时代序列可以被证实为文化发展的一种普遍序列。除了维也纳学派，所有单线进化论者都认为人类共同的本性主导着文化的演变。各种文化都是单一的起源，然后传播到全世界（Graebner 1911；Schmidt 1939）。

巴斯蒂安有关人类本性的看法受到非议，不是因为人类学家不同意他有关人类基本相同的假设，而是因为不同地区的环境条件各异，而对于大部分问题来说，可行文化策略的选择范围是很广的。因此，不同的文化会发展出不同的解决办法来应付自己的问题，从而会造成不同的发展。

较为极端的传播论者将其工作立足于这样一种假设，即人类是缺乏创造性的，发明被认为是如此罕见，以至于一些非常普通的特征如陶器、驯化植物和木乃伊技术也只能有单一的起源。这种概念主导着维也纳学派以及本世纪初英国"极端传播论者"的研究，后者的文化历史重建模式视所有文明源于古埃及 *31* (G. E. Smith 1915；Perry 1923) 或美索不达米亚 (Raglan 1939)，并且深信所有所谓的"进步特征"（如木乃伊技术，不管采用什么方法）都可以追溯到旧大陆远古文明之一的某处发源地 (R. B. Dixon 1928：244 - 264；Daniel 1963：104 - 127)。这种看法的残余仍可见于 1957 年 A. J. 阿克尔 (A. J. Arkell) 关于陶器只被发明过一次的说法 (Arkell 1957)，或芒罗·埃德蒙森 (Munro Edmonson) 的以下企图，即通过绘制陶器和金属工具这样的特征在世界不同区域首次出现地点之间的距离，来计算文化在新石器时代的传播速率。

　　一位企图研究人类发明能力的人类学家是克罗伯 (Kroeber 1948：341 - 343，364 - 367)。他注意到，不仅有许多东西被发明了一次以上，而且在科学领域，相同的发明常常是被互相并不了解对方研究的科学家在同一年做出的。这显然是因为全世界的学者都在考虑相同的问题，拥有相同的知识库来获得信息。根据这一点，克罗伯认为，两种文化越是相似，它们的需要越是接近，那么，它们就越有机会对相同的问题获得相似的解决办法。但是最基本的相似性可能渊源不同。两个文化相似可以是因为它们起源相同，在这种情况下，相似的发明只是帮助消除了那些由于独立发展而必然导致的差异。另外，相似性可以出现在并无历史关系但适应于一般相似环境的文化中。因此，形式上的相似可以源自历史上的相互关联、功能上的相似，并且（由于上面提到的两个原因之一）最终源自相似的发明导致的相似的文化。为了分辨在某种既定的情况下是哪一种因素起作用，有必要对文化变迁的性质获得详细的历史信息或高度精确的了解。在大部分情况下，这两个方面所获得的信息都不足以使人获得令人满意的答案。过去屡见不鲜的是，人类学家试图用文化理论来弥补缺乏历史信息这一不足，以期使他们仅仅根据目前的分布证据就能够复原过去。在后面一节，我们将讨论为什么这种努力大部分是徒劳的。

"文化历史学"方法的弱点

有关历史关系的许多争议集中在证据的性质上，即需要证明两个文化中的相似特征是历史上有关联的。F. 格雷伯纳（F. Graebner）认为，发现于不同地区的特征在历史上相关的可能性，因其显示的式样和功能的相似性而异，也因相关地区可能发现这种相似特征的数量而异，他将其称为"质量"标准和"数量"标准。尽管很少有民族学家会否认这些原则的一般有效性，但是关于它们的运用方式却意见不一。例如，有时候大量的相似特征尽管没有被证明是出于同一起源，但是它们像少量器物的密切相似一样，显示出在两个文化之间存在历史关联的巨大可能性。

民族学家起先总是试图发现两个或多个文化中的相似特征是否渊源上相关（即有共同的来源），而不是设法去论证其独立发明。格雷伯纳质量标准中所含的一个基本设想是，一种文化越复杂，就越有机会来证明其共同起源。文献中充斥着对以下说法的评论，即一种特定器物因为太复杂而不可能被发明两次。但是这些说法几乎毫无例外地是一些个人的判断，根本没有科学理论或一种可靠的可能性评估来予以支持。结果，一位人类学家相信是有渊源关系的器物，却被另一位人类学家认为不是。目前，证据确凿的结论很可能只限于数量有限的实例，而这些实例大多是由所考虑之证据的性质决定的。

在两个或多个文化中发现的一些器物可能显示，它们不仅是渊源上相关的，而且是同一文化的产物。在承受一方的文化中，这些器物常常被称为"贸易品"，而不管它们是以何种途径从一个文化传给另一个文化的。对于一些器物而言，常常可以通过式样和工艺的差异，以及它们缺乏当地文化的历史祖型，来将它们与当地器物区别开来。没有人怀疑发现于斯堪的纳维亚考古遗址中的罗马钱币或中亚佛像是贸易品（Stenberger nd：124-130）。这些器物在各方面都与所知的外界起源的类似器物相似，并且在瑞典文化中没有式样或技术上的先例可以解释这种设计和工艺上的完全平行发展。两个文化中存在相同类型的贸易品表明了它们之间的接触（尽管是间接的），也提升了意识与器物一起交流的可能性，因此，贸易品提供了存在传播通道的证据以说明文化传播的可能性。

同样，动物学家会表明驯化的动植物对于某些地区来说并非土生土长的。因为衍生出它们的野生物种没有（并且极大可能是从来没有）分布到那里（McCall 1964：91-101）。动植物的遗传结构经常成为一种有效手段来将拥有共同祖先的各类物种与独立发展形成的物种区别开来。而且，驯化的动植物与它们野生祖先之间的遗传关系提供了它们发源地的证据。例如，更新世后阶段中北非缺乏当地野山羊和大小麦的祖型，这表明这些物种很可能是被以驯化的形式从西南亚引入这一地区的（Reed 1960：130-134）。像贸易品研究一样，动植物研究能获得两地接触无可争议的证据，因此在说明文化特征可以沿相同的路线传播的可能性上是很有用的。但是，应注意不要根据这些证据来做千篇一律的总结。

33　　　为了证实历史关系，我们必须首先排除被比较的器物是趋同发展的结果的可能性。很久以来，传播论者声称所有的金字塔建筑都源自埃及。事实上，埃及金字塔是埋葬国王的陵墓，而美索不达米亚的金字塔则是支撑神殿的台基，所以并不支持这种推测。有人认为世界上不同地区的金字塔建筑不管如何不同，都是趋异发展的结果，都可以追溯到一个共同的原始类型。自那时起，考古学家表明埃及金字塔是从沙堆演化而来的，这种沙堆最初是单独的坟墓，它们发展成一种精心设计的太阳象征物，并在功能上看来有相同的目的，尽管从信念上来看已不再如此。另一方面，美索不达米亚的金字塔看来是从伊拉克南部一种用于（目前仍然用于）将房屋和公共建筑物抬高于河面的低矮平台改进而成的，远不是一种共同的祖型趋异发展的结果。埃及金字塔与美索不达米亚金字塔之间的任何相似之处在历史上都是毫不相关的，完全是始于不同渊源的趋同发展。

　　有人一度相信社会结构中的相似是广泛历史联系的标志。例如，摩尔根（Morgan）认为，由于北美印第安部落与印度南部的泰米尔人（Tamils）在宗教体系上有大致相似的结构，两组人群在历史上是相关的（Morgan 1871：387）。然而明显的是，由于社会结构在其变异上有局限性，并与经济结构的关系极为密切，所以其演化常常会趋同。没有人会声称，因为中非的尼奥罗人（Nyoro）具有一种奥马哈（Omaha）的亲属系统，他们就与美国的温尼巴格人（Winnebago）在历史上有关，或者甚至提出这种情况具有单一起源的想法。单凭社会或政治结构类型上的相似，不足以证明不同群体之间的历史关系。

语言提供了一个更具启发性的例子，说明缺乏历史意义可以归因于结构上的相似性。19世纪，人们常常以为许多语言之间类型和结构上的相似是历史关系的标志。今天已十分清楚，声调语言在非洲和远东是独立演化的。而阴阳词性也不足以证明布须曼人（Bushman）的科伊桑语（Khoisan）和印欧语系在历史上是相关的。可以证实相互关联的那些语言，如印欧语系中的那些语言，显示了广泛的结构差异。从英语到拉丁语，前者是一种合成语言，而后者是一种分析语言。

这类结构原则是语言间历史关系的蹩脚证据，因为类型数量上有限，所以趋同的可能性是很大的。历史关系较为可靠的证据可见于语言中的某些特点，在这些特点中任意结合的机会起着一种极其重要的作用。每个单词或词素（也许像"母亲""父亲"这类单词除外）是声和义的一种完全任意的结合（Murdock 1959b）。语言学家推测，在任何两种语汇中，由于巧合在形式和意思都相同的单词不会超过4%。任何较大程度的相似性都表明，要么两种语言之间有借鉴，要么两种语言有同一的起源。根据格林伯格（Greenberg）的看法，观察这些相关语言的核心词汇，以及比较两种语言之间的语言相似性与其他同样相关语言的相似程度，能使语言学家将后一种关系与前一种关系区分开来（Greenberg 1957：39-40）。因此，语言之间历史关系的证据和种类并不取决于结构上的相似，而取决于形式和意义之间任意相伴的重要数量。

可惜在文化非语言的领域，常常无法评估一种特征的任意性，以及相同式样可能多次独立发展的可能性。我们经常并不充分了解文化行为，从而不能明智地运用格雷伯纳的质量标准和数量标准。在许多情况下，这些标准准确到什么程度是远不清楚的，因此相似性是由于趋同还是由于传播，在很大范围内是存疑的。

运用质量标准，人们可以想象不同文化中的特征之间的相似之处越多，它们来自同一起源的机会也就越大。早已十分明确的是，一些总的类型范畴如陶器或木乃伊技术是毫无意义的类比单位，因为它们涵盖广阔的文化区域，而且在内涵上常常鲜有共同之处，所以它们完全可以被证明是多次发明的。类比必须考虑显著特征或密切相似特征的集合。

首先的一个任务是要确定特征是否真的如看上去那样相似。在语言领域，有意义的语汇比较立足于单词发音和含义上的相似性，文化也应如此：被比较的类型在式样和功能上应该是相似的（Steward and Setzler 1938）。与在语言方面比较，式样和功能在文化方面的任意性很可能更小，但相互间的差异则更大。因此，当发现任何一种类型中的成分在两个文化中缺少一对一的相伴关系，就应当考虑不同起源和"假性趋同"的可能性（Steward 1929）。例如，通过对300件所谓石斧使用痕迹的分析，索南费尔德（Sonnenfeld）发现，这些器物在不同文化中的用途是十分不同的（Sonnenfeld 1962）。而且，在此实例中，他找不到任何式样和功能上存在重要相伴关系的证据。因此，必须对一种特征的功能从技术上的用途和在该文化整体中所起的作用进行尽可能独立于式样的分析，以便之后对这两方面的信息予以比较。

同样明显的是，为了确立一种历史关系的可信依据，被比较的特征必须是非功能性的。箭镞常常由有限的几种材料制成，形状变异十分有限，因此不难想象的是，这些特征的各种集合可以被多次重复发明。某些功能，特别是技术上的功能较易确定，而其他一些功能则很难捉摸。因此，认为目前人类学水平能解释所有这些特征是不当的。比如，对诸如艺术风格和社会结构之间的关系知之甚微，这需要对心理学媒介有比当前力所能及的更为详尽的了解。正因为如此，要分辨功能标准和非功能标准并不那么容易。

种种研究表明，复杂特征集合趋同发展的可能性要比一般想象的大得多。因此，相关特征之复合的相似性并不足以证明两个文化之间的历史关系。

1913年，亚历山大·戈登威泽（Alexander Goldenweiser）阐述了他的"有限可能性原则"，该原则提出平行发展和趋同发展可能因两种原因而发生。第一种原因是相同的心理因素，即人类对相同问题做出反应的范围常常是很有限的，因此相同特征被重复发明的概率是很大的。第二种原因蹈袭了生物学的选择概念，认为由于任何一种文化所能成功加以融合的特征的范围都是有限的，所以那些起源不同的特征常常会沿相似的轨迹而最终汇聚到一起。就如自然选择导致起源很不相同但栖居于相同生态位的动物（如鼠和鸟）会沿相同的轨迹而发展，起源不同的文化特征，如果处于一种相似的文化环境中，就可以发展得彼此相似。与生物学家不同，由于人类学家常常无法分辨趋同发展造成的相似性和显示共同起源的相似性，所以单凭分析式样与功能他们往往无法确定这两个因素中到底是哪个在起作用。

有限可能性原则是兰德斯（Rands）和赖利（Riley）的形态复杂化概念的基础（Riley 1952；Rands 1961）。他们认为，大部分发明是先前已有式样的延续，而不是沿全新方向的创造。因此，在任何一个阶段已经完成的各种可供选择对象中可做的取舍，会限制以后进行选择的范围。一旦一个组合的核心通过一套初步的选择而确立，后来的特征就会倾向于由其相继而发展。兰德斯和赖利比较了易洛魁人、阿兹特克人和图皮南巴人（Tupinamba，巴西的一个部落）所用的酷刑来说明这个概念。这种复合性是将其分解为各种一般层次的组成特点来进行分析。这些学者得出结论认为，这三类人群采用的酷刑在祭祀或技术上的许多具体相似性可能是数量有限的更一般特征的趋同的精致化，这些特征在历史上可能有关，也可能无关。因此，选择的制约就像功能上的需求一样，可能是促进趋同的一个因素，因而增加了分辨相似特征是否有历史关系的难度。

在一篇讨论阿兹特克和印度两个相似运气游戏（games of chance）的文章里，查尔斯·伊拉斯姆斯（Charles Erasmus）声称，无法用概率论（probability theory）来估计传播相对于独立发展的可能性（Erasmus 1950）。特别是，这种说法直接反对泰勒的见解，即某文化器物重复发明的概率与其复杂性所包含的共同要素的数量成反比（Tyler 1879）。为了应用泰勒的公式，我们必 *36* 须知道：（1）这两个游戏里每个要素所拥有的可能替换结合的确切数量；（2）它们结合的所有机会；（3）这些要素中的每个要素都独立于其他要素，即某要素的存在并不影响任何其他要素的出现概率。对有限可能性以及形态复杂化不断增进的了解，凸显了满足最后两个要求是何等困难。

格雷伯纳的第二项标准即数量标准认为，两个地区之间质量上的相似的数量愈多，它们之间存在一种历史关系的机会就愈大。理想的是，所比较的特征应当是相互独立的，如果每种特征可构成一种独立的证据的话。但是，要确定这些特征实际上是否独立常常很难。皇室的兄妹婚配、侍从的墓葬、上层阶级对使用黄金的限制以及雇佣侏儒作为家臣，可以被看作与高度分层社会相伴的形态的个别特征。因为很难确定这些比较因素是否真正独立，所以困扰数量证据之统计学运用的问题，给质量证据的运用带来了麻烦。事实上要区分这两种材料范畴是不可能的。

除了接受相关特征是一种历史关系的独立证据，常常也有一种趋势否定所假设的某种关系的相对重要性和可靠性，并主要集中在数量上。基本的假设看来是，如果发现了足够的相似性，少量错误的相似性就不至于对证据造成偏差。这当然是靠不住的。某种以数量论证的器物，其意义不会大于用上述标准所确立的其单独的质量价值。

而且，对文化区进行比较时，常常有一种对采集自该地区内的乃至不同阶段的不同文化的特征做比较的倾向。应当指出的是，历史关系的证据无须依赖个别文化之间的详细比较，因为特征在

两个地区之间的传播很可能是缓慢的，并是通过不同的途径进行
的。然而，从统计分析上说，通过增加从中选取特征的文化的数
量，我们也自然就增加了发现文化平行发展的可能性，因而证据
的价值也就下降了。罗韦（Rowe）最近搜集了安第斯文明和古地
中海文明中的60种普通特征，用以说明以下设想的危险性，即两
个相距遥远的地区之间存在大量的偶然相似性是它们之间历史关
系的证据（Rowe 1966）。予以个别考虑，并用我们讨论过的标准
予以详察，几乎没有一种特征可以避免被排除的下场。它们不是
过于一般、过于功能性，就是过于相互独立。考虑到所涉及文化
的多样性和特征的性质，任何未被用这些标准排除的特征都可以
被归因于巧合。一种秘鲁起源的植物证据如马铃薯，在1492年之
前就已在欧洲为人所知，这要比60种可疑的特征更能证明两地之
间的历史关系。

　　常常被用来区分传播和独立发展的最后一个标准，是有关区
37　域间交流的容易程度。格雷伯纳将其称为连续性标准。尽管区域
间的距离及区域的性质无疑会影响交流，但是很难评估这些因素
对传播的影响，因为有许多文化变量与之相关。对古代人类的迁
徙能力或迁徙意向的估计常常出入很大。对于这一点的实例可见
最近夏普（Sharp）与萨格斯（Suggs）之间有关波利尼西亚人运
用天文观察来绘制太平洋长途航线的能力的争议（Sharp 1957；
Suggs 1960）。陆路的说法也有问题。狄克逊（R. B. Dixon）认
为，各种特征不大可能从东南亚传播到新大陆的热带地区（Dixon
1928：231），因为在其携带者旅居于中介的极地和温带地区的长
途中这些特征会被遗忘。但是，如果1492年之前横渡太平洋的联

系已被证实（Ekholm 1964），那么这种说法的意义就会大为减弱。

　　然而明显的是，甚至特征或特征集合形式上的酷似也并不一定说明有一个共同的起源。可能性有限，加上种种功能上的限制，以及人类需求和本性上的相似，所有这些都会造成重复发明和平行发展。所以，趋同不仅可能，而且十分常见。当两个文化拥有许多独特的、看来是非功能性的特征时，似乎能合理地推断它们之间存在某种历史关系，正如当两种语言含有许多具有相同发音和含义的单词时，可以推断它们之间有某种渊源上的或传播上的历史关系。但是在处理物质文化时，我们必须更为谨慎，因为少数文化特征的组成并非功能决定的，或至少不是以某种方式受功能影响的。历史关系可以用某文化中发现的器物来论证，这些器物可以被证明是产自其他文化的，在当地很有限。一个例子是，粗糙但仔细仿造的希腊钱币被发现于西欧的拉坦诺文化中（Powell 1958：100 - 102）。即使如此，如果没有考古学家提供的观察，常常也无法分辨密切的相似性——即使是相邻文化之间的——是源自它们同一祖先的趋异，还是两个有不同起源之文化的趋同，或者两者兼有。我们已从对金字塔的讨论中看到，缺乏考古学证据会得出非常错误的结论，但是一旦拥有这类证据，考古记录中存在的有关器物类型的大部分问题的答案很快就能明了。这进而又为合理地讨论文化中那些没有被保存下来的器物的历史提供了基础。

　　不久前有人认为，传播或独立发展的证据不在于考古学证据，而在于"一套能客观地应用于每一个实例的理论原则"（Meggers

1964：522）。语言学家几乎已达到了这一可行的点，但是在处理
文化的其他方面或器物时，目前的理论明显不足以使我们单单运
用民族学证据就能复原过去。可靠的推断必须立足于以下考古学
证据：如果它们是有效的，这些证据就能使我们分辨在特征分布
研究中提出的不同设想。而且，我们愈是移向过去，我们就应愈
依靠纯考古材料。

　　我们可以用哪些标准来确定不相邻文化中的相似器物是历史
上相关的呢？

　　第一，我们必须证实所探究的器物或特征在式样和功能上是
真正的类似，并且应有充分的非功能性的共同标准来表明它们之
间的相似很可能是由于共同的起源。有时一种特定的特征或特征
集合是如此独特，以至于仅其性质就证实了一种历史关系。没有
人怀疑玉米和烟草源于新大陆，或孟买居民所讲的英语来自英国。
但是大部分特征并不那么明显。

　　第二，在传播证据看来可能性很高的地方，要进一步证明看
来是共同起源的器物不是趋同演化的产物。为了回答这个问题，
需要获得详细的考古材料，来说明被探究的器物在其被发现的各
种不同文化中的历史来源。我们已经知道考古学证据如何表明，
埃及和美索不达米亚的金字塔完全是源于历史上无关的不同祖先。
历史学分析也表明，某些高度风格化的、被 G. 埃利奥特·史密
斯（G. Elliot Smith）认为是象头的玛雅图案（因此是玛雅文化受
印度影响的证据），实质上是一种本地鹦鹉头与喙的曲线风格化
（Smith 1924）。考古学证据能使史前学家追溯各种本地特征的远
祖，并为把渊源上关联的特征与趋同造成的特征区分开来做出有

价值的贡献。

　　第三，可以合理地假设，不管何时，一种能在考古记录中保留下来的特征，在经陆地从一个地区传播到另一个地区时，会在传播过程中留下痕迹。因此，即使现在一种特征显示一种不连续的分布，但从考古学上说，应当可以被证实在某一时期它的分布是连续的。这种证据应当显示有一系列考古遗址，或者代表这一特征运动的轨迹，或者显示其过去分布以填补目前分布区域之间的缺环。这一区域中的遗址应予以断代，因此人们能够知道该特征是在何处起源的以及是如何传播的。例如，某种特征显示其分布范围的两头早于中间地带，考古学证据会倾向于一种重叠分布的多元发生而非单一起源的解释。同样的检验也许能有效地用于目前呈连续分布的特征上，其中有一些也许会显示不止一处的起源。明显的是，对于许多特征来说是无法获得任何考古学证据的，而对于另外一些特征来说证据可能不足，在这种情况下，历史关系的证据是无法确证的。如果两个地区间历史关系的考古学证据易于获得，那么一些没有考古学证据的特征也可能有相似的历史。同样明显的是，当我们在处理确切地有共同起源的民族学材料时，只有考古学证据才能确证它们是何时及通过什么途径传播的。

　　第四，当中间地带无法做考古调查时（如波利尼西亚的例子，那里的岛屿为广阔的水域所隔开），有关相似特征是历史上关联的说法必须大部分依赖于这些特征的历史关系的证据。例如语言，农作物这些特征的性质无疑可以证实它们的共同起源。一种马来亚-波利尼西亚语在复活节岛上被采用，以及典型的波利尼西亚农作物在那里种植的事实，要比海尔达尔（Heyerdahl）将草船和石制品作为该岛与南美的历史证据更令人信服地表明该岛与波利尼西亚及其他岛屿的密切关系。前者特征的渊源关系确凿，而海尔达尔所罗列的渊源关系只不过是猜测而已。

分辨传播与迁移

　　各种标准被建立以帮助将纯特征扩散所造成的文化变迁与人群移动所造成的文化变迁区分开来。这些标准中的大部分被设计来确认由整个人口置换所造成的重大间断。这种处理，就像我们前面所言，忽视了这样一个事实，即人群移动和特征移动有时候是互相独立发生的，结果忽视了人群移动和文化特征移动能够与确实在其中发生的各种情况。1939 年，W. 弗林德斯·皮特里（W. Flinders Petrie）列举了九种文化变迁类型（不包括独立发明）（Petrie 1939：9），其中只有一种包含了人群迁移。虽然这一罗列反映了一种较为夸张的文化变迁观点，但它的好处是认识到了在其中可能发生文化变迁的情况的广泛差异。其中包括：（1）人口整体置换；（2）杀死男子驱逐妇女；（3）杀死男子虏获妇女；（4）奴役男子带走妇女；（5）征服者统治奴隶；（6）征服者统治稳定的人口；（7）不同人群的混合；（8）移民的同化；（9）仅仅采纳外来的意识。1956 年，约恩·麦克怀特（Eoin MacWhite）做了一个更为详尽的人类学罗列，将各种类型有组织的入侵、偶然的移民与通过劫掠、外来访客或当地人群与相邻文化接触而导致的不同方式的特征传播（文化交流）区分开来。这些罗列与下面述及的一点不同的是，它们从文化变迁的观点来处理整个问题，而没有考虑人口发生了变化但是物质文化很少或没有变化的例子。从人类历史的角度来说，后一种类型的人口移动与造成重大文化变迁的人口移动同等重要。我们所讨论的特定范畴明确是指一种连续的统一体，而非一套刻板定义的情况。

Ⅰ. 第一种类型的文化变迁是一群人及其文化被另一群人及其文化完全取代。这种变迁往往指一群人驱逐了另一群人而占据了其家园。这很可能经常发生在相邻群体和文化上相似的群体之间。在这种情况下，"文化变迁"（与人口变化相反）是微不足道的。当入侵者在文化上与先前居民不同，考古记录中的中断往往十分明显。而在特定人群参与的情况下，甚至在体质类型上也存在明显的差异。有人可能认为它们很容易被从考古记录中看出来，但情况并非总是如此。

第一，我们必须弄清，考古记录中文化连续性的突然中断是真实的而不只是明显的。从一个遗址或局部地区获得的证据并不足以说明其他地方发生的事情。因此，考古学家的首要任务是确定他所观察到的中断从整个文化来说是确凿的。其次，他必须确定整个序列已被揭示而没有忽略任何阶段。很有可能的是，由于生态原因或不稳定的政治状况，一个地区会被放弃。之后，新的人群移入或原来的居民回来了。无法注意到这种时间上的间断，可能会造成对一个地区前后栖居的文化之间的关系产生误断，甚至可能导致将当地同一传统的两个不同发展阶段说成两种不相关的文化。这种问题可以通过大面积发掘与细微的地层学和年代学证据的研究来减少至最低程度。最后，考古学家必须观察文化的内涵，并尽可能予以全面分析。人们可能记得努比亚的考古学家没能看出麦罗埃文化和巴拉那文化之间的历史关系，因为他们只关注葬式和墓穴的类型，而特定文化区存在的不连续性是非常大的。

第二，只要有可能做到，就必须论证人口真的发生了变化。这要求有以前的人口被新的人口突然取代的证据。在与两种文化相伴的骨骼之间能够看出人种差异的地方，必须表明体质类型的变化是突然的，同时伴有文化方面的变迁。然而，体质类型仅仅是渐变的证据会削弱发生了人口整体置换的看法。

第三，必须找到有关置换性质方面的证据。这种线索常常会由广泛的破坏证据所构成，后来出现了一种拥有不同文化的人群的证据。这种证据肯定比采集少量明显未被埋葬的尸骸更加令人信服。莫蒂默·惠勒（Mortimer Wheeler）认为这些尸骸表明摩亨佐达罗的印度河河谷诸城市曾受劫掠（Dales 1964）。论证取代如何发生，需要广泛的、细致计划的发掘。看来少有文化的考古记录能与这一工作相称。

作为新的文化之入侵性质的进一步证据，考古学家不仅必须说明它突然取代了原先的文化，而且也必须说明入侵的文化是从何处及从哪些祖先类型发展而来的。简言之，必须表明新的文化在另一个地方是土生土长的。这一要求排除了想把"新的"文化
41 的起源归因于未知地区的企图。这对于非洲东北部特别重要，那里除了尼罗河流域外几乎没有做过什么考古工作，而一些尼罗河流域文化的假设祖先都被说存在于考古学上尚未被了解的某一地区。尽管没有人否认每个史前学家有谨慎推测的权利，但是有些

学者把不可靠的假设一个个地堆砌到一起，以至于他们忽视了手中很有意义的证据。

最后，劳斯（Rouse）正确地认为，应当找出任何迁移的轨迹，并分析所有的遗址分布以留心所具有的式样从历史上来看是否合理（Rouse 1958）。而且，考古学家应当设法找出环境和文化条件是否有可能导致迁移的发生。这种环境因素在生态边缘地区特别重要，比如北非，那里的气候极为多样。

当缺少详尽的考古材料时，人口取代假设的可信度为最近提出的有关"尼人假说"的可靠性所显示（Brace 1964；Coon 1965：52，53）。长期以来，许多体质人类学家认为西欧的典型尼人与智人有根本的差别，以至于能构成人科的一个不同人种。尽管发现的骨骼相对较少，而且很少有过渡阶段的遗址被发掘，但一个被广泛接受的说法是，尼人和他们的莫斯特文化大约在 40 000—30 000 年前被智人取代了。有人推测后一类型来自东方，携带着最早的欧洲旧石器时代晚期（石叶）文化，即使那些并不认为典型尼人是不同人种的考古学家，也把他们看作被遗弃的人，很像北美印第安人被欧洲人取代，仅以少量人种特征和非常微弱的方式残存在偏远地区。今天这一理论受到广泛质疑。有人认为不仅西欧的典型尼人很可能在当地进化到智人，而且莫斯特文化也以自己的方式发展到西欧旧石器时代晚期的佩里戈德Ⅰ期（Perigor-dianⅠ）文化。一旦以这种方式来设想理论上的问题，目前考古记录的欠缺就变得明显了。目前根本不可能对这一问题提出任何最终的结论。

Ⅱ. 第二种类型的文化变迁是由一批有组织的人群迁徙到一

个新地区造成的。这批人或作为征服者和统治者与当地居民共
处——就像卢旺达的图西人（Murdock 1959a：350；Willey
1953a）；或作为当地人的臣民——就像来自巴勒斯坦的贝都因人
（Bedouin）群体和古埃及常见的阿拉伯人；或与当地人平等交往。
在这些情况下，外来者可以在相当长的时间里保留着其民族身份
的意识及大部分文化。但是，新旧文化的最后融合，可以形成一
42 种由源于各自祖先文化特征而形成的统一文化。总的来说，两种
文化所做贡献的相对重要性取决于有关人群的规模和重要性，以
及外来文化对新环境的适应程度。各种因素，诸如占主导地位的
少数群体希望保持对其臣民面对面的身份感，可能会阻碍两种文
化的完全融合。特殊的情况也可能产生高度扭曲的文化融合形式。
比如，如果某部落中的男子在战争中被杀，而部落中的女子嫁给
外来者，那么原先文化各类特征中与女子相伴的特征就比与男子
相伴的特征更有可能被保留下来。据报道，小安地列斯（Lesser
Antilles）有这种情况的一个例子。据说，加勒比人（Caribs）杀
光了阿拉瓦克（Arawak）男子，但是与其女人结婚（Rouse
1964：502）。尽管加勒比人采纳了阿拉瓦克语言，但是他们的到
来看来终结了早先相对精致和有神职人员的宗教，该宗教集中信
奉叫作 zemis 的诸神。在这个例子中，文化的融合可望发生得
很快。

　　在这些情况里，证据的问题要比整体取代的问题更难确定。
以前常常有一种倾向，几乎把文化中的每一种变化都归因于某些
新人群或"优秀人种"的入侵（Daniel 1963：104 - 127，139 -
153）。不幸的是，尽管同一文化中的文化连续性可以被描述成当

地居民的延续，但不加分析地运用这一文化变迁模式几乎可以把任何新特征都归因于新人群的入侵。因此，这种解释几乎可以用于考古记录中所见的各种文化变迁实例。为了避免不加分析的推断，需要有严密的规则来控制这种解释。这种规则的目的——它们只不过是对证明完全取代所需规则的修改——是帮助史前学家把那些真正由新人群移入所造成的文化变迁与由其内部发展或特征传播所造成的文化变迁区别开来。

为了说明考古记录中所见的发明是由有组织的迁移带来的，必须找到与这群人共生的入侵文化遗址，并且入侵文化在年代测定上应相当于或略早于新特征在当地文化中的流行。这些遗址必须显示出不仅是一种有别于该地区同时代文化的文化，而且应该是一种能够在其他地方找到其祖籍或起源地点的文化。此外，迁移的路线必须被找到，追溯其方向并显示迁移所假定的路线经过的条件（Rouse 1958）。最后，必须证实文化是真正移入的，即永久性地占据了这一地区。17 世纪从安大略北部来的狩猎群体常常在休伦人村落外扎营过冬。在那里他们用肉干和毛皮交换玉米餐食。休伦人和阿尔冈基人之间的相互接触，很可能将阿尔冈基的文化传播给了当地的主人。但是他们在休伦的居址仅仅是周年循环的一部分，并没有在这一地区形成任何永久性的阿尔冈基聚落。人口移动的证据需要说明外来的群体确实栖居在这一地区（这可能部分通过他们的居址是永久性的而显示出来），并且他们和他们的文化逐渐与当地的融合在一起。这进而要求有文化特征随时间逐渐交融的考古学证据（假定入侵的群体与开始时不同），而体质人类学显示有遗传学融合的证据。

明显的是，要满足这些要求是困难的，这使得由两群人融合造成的重要文化变迁的例子（特别当这种融合进展得很快，很难从考古记录中被察觉时）会因缺乏证据而被排除。但是，如果有更多考古材料积累，那么这种假设的有效性就会被大大削弱。很有可能发现，那些被假设是由入侵文化带入的个别特征（因此是一次性的），实际上是在不同的时间里出现在考古记录中的。情况常常也确实如此。许多史前学家觉得，最好还是采用一种较为严谨的标准，宁可排除那些证据不足的好例子，也不要用含糊不清的标准把所有文化变迁的例子统统归入这种类型。一种做法是，可把对于这一范畴而言证据不足的实例归入一种便于分辨的候补范畴，一旦有了足够的证据积累，它们就可以被再研究而归入这一范畴。如果所用范畴中没有明确可辨的一个候补范畴，那么就会产生混乱。

Ⅲ. 第三种类型的文化变迁包括大批人群有组织的迁移，但是以他们移入地点的文化很少变化为特点（至少是一种考古记录中可见的变化）。在这种例子中，移入的人群采纳了他们移入地区的物质文化。这可能是因为这群人移动迅速而随身没有携带什么自己的文化，或者因为其移入的地区在生态上与其移出的地区不同，所以其原来的文化不适于新的条件。另一个可能是，新地区的文化被移入者认为要比他们自己的文化优越。像希伯来人这样的游牧群在巴勒斯坦定居下来后，很快采纳了已经生活在这一地区的农耕和都市居民的文化。同样，居住在迦南（Canaanite）城市的非利士人（Philistines），在从其故土迅速移来之后，完全接纳了该地区的文化，以至于只有一种新的墓葬类型和少量艺术题材才能被用来将其与原来的人群区分开来（Kenyon 1960：221-239）。对于不了解历史记录的考古学家来说，这类考古学证据，即被入侵者劫掠、后来又按先前同样风格重建的城镇，很可能不足以表明发生了重要的族群变迁和语言变迁。同样，日耳曼人入侵罗马帝国西部的大片地区导致他们如此快地采纳了拉丁语，以至于入侵阶段在考古记录上很容易仅仅显示为一种政治上的不稳定或文化的衰落，而不是一个能见到人群大规模移动的阶段。

　　能表明有组织团体的入侵的线索是战争的迹象、文化的衰落和相当迅速的文化变迁。后一情况，部分是由文化的衰落所诱发的，部分是由入侵者所带来的社会发明和文化发明所诱发的。这 44 类证据本身很难有效地证实新人群在该地区的定居，体质类型上突然变化的证据也许增加了迁移的可能性。但是在此也应十分谨慎，以防止基于不适当材料所做的不可靠的推测。入侵的考古学证据也许能够以早于文化融合之前入侵者临时营地和居址的形式被发现。这类遗址可能为数很少，而且难以分辨。看来要找到类型Ⅰ和类型Ⅱ的证据要比找到这种变迁的证据更为困难。这种证据也较为模棱两可而且难以解释，因为它很难将某入侵人群的遗址与那些仅仅是穿越一个地区的入侵者的遗址区分开来。

　　在某些情况下，入侵人群会采纳当地的物质文化，但是把自己的语言强加于这一地区。在这种情况下，词汇统计材料可能反映出何时某特定语言系统发生了扩张，因此可以提供有关人群移动的线索。这类证据，加上历史材料，说明讲努比亚语的人大约在巴拉那时代从西南抵达了尼罗河河谷，尽管在这一阶段并没有文化中断的迹象。明显的是，他们采纳了该地区的文化，并且移入的人数足够多，以至于取代了以前本地的麦罗埃语（Trigger 1966a）。一个相似的情况似乎支持希腊人曾抵达克里特岛，这是一桩早于米诺斯文化（Minoan culture）衰落而非导致该文化衰落的事件。在评论这一情况时，弗里兹·沙赫迈尔（Fritz Shachermeyr）注意到：

> 认为历史事件总是被反映在考古学时间和形制变化的记录中是一个极大的错误，许多历史剧变的发生并没有留下任何这类痕迹。（Palmer 1965：180-181）

缺乏语言学证据并不能证明没有发生人口移动，因为入侵者可以接纳他们所移入地区的语言及物质文化。

Ⅳ. 第四种类型的文化变迁源自以下外来者的移入：他们并不是作为一种有组织的群体，而是作为个人或家庭移入的，他们在已有的社会秩序中找到了自己的一席之地。这些人可能是作为定居者、难民、传教士、奴隶，以及本地人的外籍配偶移入的。有些人可能被同化得很快，而另一些人由于宗教或其他社会和文化原因，可能试图在新的社会背景里保留他们文化的某些方面。这些人，特别是那些拥有特种手艺的人，可能成为传播的重要因素。在都铎时代（Tudor times），英国政府为外国工匠提供客观的刺激，吸引他们在英格兰定居，并将他们的技艺传授给英国工人（Hodgen 1952：174-176）。这是刻意鼓励迁移以影响文化变迁的例子。若这类迁移从单一源头持续很长的时间，这就会造成大量的文化融合。下努比亚北部从基督教皈依伊斯兰教，看来是因为该地区越来越多的埃及穆斯林购买土地，开始定居下来，并

改变了他们邻居的信仰（Trigger 1965：149）。这种变迁的主要特 45
点是，被引入的各种特征不像人口取代和有组织迁移所造成的变
化那样是同时发生的，而且它并不打断本地文化的基本连续性。
有鉴于此，对于考古学家来说，要在这种文化变迁与简单特征传
播结果之间进行区分是非常困难的。

　　由于无组织迁移的新来者常常被吸收到已有的社会结构中，
所以外来者的遗址并不与其相伴。找到由以下这种移民组成的少
数族群聚居区是罕见的，这些移民聚居在一起以图保存他们某些
原来的生活方式。这种情况很难与有组织的迁移结果区分开来，
并在许多方面，它们在社会上以及考古学上都代表着一种中间类
型。即使能在社区内发现外来户，也很难判断他们是属于访问
该社区的流动群体还是来此居住的移民。在当地居民与外来者体
质上不同的地方，发现大量新的骨骼类型，以及新的体质特征与
当地人体质特征逐渐融合的证据，可能有助于解决这个问题。尽
管这种迁移的影响对于该人群的遗传结构可能很重要，但是其文
化影响可能与特征传播的影响没有什么区别。因此，区分两者的
难度确实产生了一个严重的问题。而且，迁移规模愈大，史前学
家发现它的机会也愈大。因此，了解这类变迁的机会大体上倾向
于直接因其历史上分量的重要性而异。

　　V. 无组织迁移的发生对接受方的文化并无明显的影响。在
这种情况下，外来者接纳了他们所移入社会的整体文化。如果外
来者认为后者的文化要比他们背离的文化优越，通常就会出现这
种情况。无一技之长的囚徒、奴隶或流徙的劳工不可能带有任何
可传授给这样一种文化的特殊手艺。他们至多不过保留了一些原

来的信仰和个人习惯，也许会将其中某些传授给他们的子女。如果他们有一种寄人篱下的感受而难以融入新的社会，或作为难民被迫离开自己的故土而在感情上仍有所维系，就尤其如此。

尽管从一个社会移居另一个社会，包括被迫和自愿，是复杂社会的特点，但在原始社会中也存在。有时，这种迁移往往以很大的规模发生，可是在接纳社会中却不留一点痕迹。例如，在易洛魁人中，大批囚徒常常被融入俘获他们的社会中，而且常常是如此彻底，以至于他们在恢复自由时也拒绝遣返。从一种文化观来说，这种迁移往往是无足轻重的；但是从了解人口动力和社会结构的角度来说，它们是饶有趣味的。可惜的是较难发现这种迁移的证据，虽然这个方向可以做某些工作，要么通过体质人类学，要么通过对人口整体分布变动的研究。

46   Ⅵ. 我们的第六个范畴是特征传播。虽然所有文化传播都是人与人之间接触的结果，但是特征传播也包括人口非永久性的移动。特征传播可以因相邻人群长期自由接触而发生，也可以由专门人员如商人或工匠之间的接触而发生。流动的工匠、云游的香客，以及派驻外国的使节，都是传播的潜在因素，他们并不代表两群人之间任何永久性的来往。有时，考古学家会发现传播动力机制的清晰证据，如安纳托利亚亚述人的贸易站。接触的证据更多是贸易品，或者相邻文化大约在同一时期出现了相似的变化。在特征呈连续分布的地方，从一处起源地传播开来的可能性是很大的。只需将每种特征从时空中联系起来就能显示它的起源和传播方向。如果最古老的地点与具有明显文化原始类型的特征吻合，那么从那里演化而来的可能性就是很大的。在连续分布证据不足的地方，个别特征必须根据上述的标准来予以判断，而有些人则会得出与共同起源相反的独立发展可能性的结论。不管如何，必须找出与特征传播相关的接触性质的证据。除非它们有意回避或排斥外来的特征，相邻文化很可能由于相当持久和全面的接触而发生一种广泛的相互影响。某些思想的长距离传播，可能需要更加特别的动力机制。

因为所有具体人口移动所无法证实的传播案例都是这一类型的组成部分，所以这一类型实际上是最后的孑遗。其中，我们常常无法区分肯定与各种人口移动相伴的特征传播和可能涉及迁移但无法证明的特征传播。

Ⅶ. 文化变迁的最终原因——必须被反复思考——是独立发明。将看似独立发明的结果与看似传播的结果加以区分的问题，在前文已经做了讨论。在此不再需要进一步讨论。

小　结

我们已经探讨了与人群迁移及文化特征的发明和传播相伴的各种文化进程。虽然我们没有充分详尽地观察文化是一种功能上整合的系统论的观点，但是我们强调了这样一种必要性，即进行任何一种历史重建，都必须了解被研究的各种器物在其特定文化中所起的作用。尽管现有的文化系统会影响新特征的发明和采纳，但是这并不妨碍我们从其本身来研究这些个别特征的历史。就像我们在最后部分中所描述的，观察这些特征，或单独或从其社会背景，为我们推断文化变迁提供了一个基础。

我们也认为，史前学家即使能够任意充分运用他所能处理的考古学、体质人类学和语言学材料，常常也无法识别造就文化变迁的所有历史原因。基于文化性质的一般性理论所做的演绎解释的可靠性是很低的。只有掌握了详细的考古学（包括文化和体质上的）和语言学材料，我们才有可能做出可信的解释。对大部分问题的回答，仍有赖于更详尽的区域性年代学和对相邻地区文化历史的详尽调查。对文化材料和骨骼材料的考古发现与分析是费时又费力的工作，但这是大部分史前研究进步的立足点。对其证据的解释，因史前学家对文化发展性质的深入了解，对民族学和社会人类学领域理论发展的了解，以及创造性地运用这些成果来对考古记录进行解释而得到加强。这些解释的问题构成了史前学的理论领域，并代表了一整套技能。它们虽然不同于田野考古学家所必须掌握的那种技能，但至少像后者一样广泛。

第五章

社会发展

在前一章，我们讨论了促成文化变迁和人口变迁的各种因素。我们特别讨论了文化被这些过程改变（有时是被压倒）的各种途径。在本章，我们想从不断发展的社会系统，而非各种文化特征来看待史前史。每代人必然受到上一代人社会影响的事实，确保了社会的连续性，即便社会体制可能处于剧变的阵痛中。因此，社会系统构成了文化变迁的基质（matrix），因为群体思想和行为的所有变化都是作为社会每个成员体验的结果而发生的。但是，这种社会基质并非不变，其本身就是文化的一种产物；于是，经济基础或社会价值系统的变化会引起社会关系形态和政治关系形态的变化。这种变化可以是故意的——比如某部落有意采纳一种新的伦理规则（Pospisil 1958），或者它们大体代表了临时应对新情况的权宜之计。

我们曾提到，亲属系统和社会结构的类型在数量上是有限的，并且因为趋同发展的频率而不宜作为历史关系的标志。默多克（Murdock 1949：20；1945；1959c：134）和其他人曾指出，这种趋同是因为仅有很少几种基本社会关系的结构足够连贯来为这种关系提供一种相对稳定的衡量尺度。因此，尽管社会结构对于追溯文化之间的传承关系没有什么用处，但是功能必要性所施加的限制使得它对于重建特定社会的史前史具有很大的价值。这是因为产生的规律性使得史前学家能够对特定机构的发展形成许多相当可靠的推断。某位史前学家一旦能够确定他在考古记录中所见变迁的一般性质，就能对相应的社会发展和政治发展做出概率很高的特定陈述。通过对社会结构中的这类变化的了解，文化变迁的记录就会在功能上变得更有意义。

推断社会结构

49   虽然近年来在这个领域做了大量有价值的工作，但是从考古学证据直接推断社会结构和政治结构的步骤仍然很不成熟。张光直 1958 年发表了一项关于原始农人中社区布局与氏族结构之间关系的研究（Chang 1958），1962 年发表了另一项对极地狩猎和放牧驯鹿人群的研究（Chang 1962）。这些是关于现生社会的跨文化比较研究，提供了聚落布局和社群结构之间的很有意思的统计学关联性。熟知他所研究的史前社群聚落形态的考古学家，能够利用这些研究来思考与这些群体相伴的社会结构类型的多样性，并考虑各种类型的相对或然性。1955 年斯图尔特（Steward）制定的父系与混合游群结构的经济关联如果有效（Steward 1955：122 - 150），那么就能被用来推断那些生计形态已知的文化中的史前游群结构。

还有一些研究设法通过分析单一组中不同器物类型的分布来重建社群组织。这些研究试图利用设计母题或栖居差别的证据来发现某社群里的居住分隔（Deetz 1965；Longacre 1966；Hill 1966）。由于它们的经验性质，大部分这类研究采用了一种直接历史学法（direct historical approach），即将某地区历史时期已知的社会结构和政治结构知识与考古学证据结合起来，以推断较早时期的这些结构形态。桑德斯（Sanders）采用相似的方法，将 16 世纪墨西哥特奥蒂瓦坎河谷存在的城市国家形态追溯到较早的时期（Sanders 1965）。直接历史学法看来在诸如墨西哥高地、美国西南部、极地和波利尼西亚等地区特别有用，那里独特的文化传统延续了很长的时间，且那里大部分的文化发展都是内部起源的，看来与经济变迁紧密相关。

其他努力是用语言学材料来重建史前的亲属系统。根据印欧语词汇的比较研究，保罗·弗里德里希（Paul Friedrich）提出，古印欧亲属系统是奥马哈类型[①]，并很可能是父系的，从父居的家庭生活在很小的房屋及毗邻的茅舍里，它们构成了相距较远而彼

---

　　① 默多克将奥马哈亲属系统定义为这样一种系统，其中"交表"（cross-cousins）从称谓上类似兄弟姐妹、平表（parallel cousins）及彼此间的区分，母亲兄弟的子女与长辈亲属同辈，比如被叫作"叔叔"或"妈妈"，而父亲姐妹的子女与小辈亲属同辈。这一系统几乎只见于父系社会（Murdock 1959a：29）。

此通婚的小村落（Friedrich 1966）。弗里德里希认为，这一完全根据语言学证据的假说，在往前追溯时应当与聚落形态的相关材料和历史材料进行核对。

50　　根据考古学与历史学证据所做的重建，也应该参照相关或很可能相关的民族志材料来进行解释。例如，朱迪玛（Zuidema）和劳恩斯伯利（Lounsbury）声称，印加的社会结构和政治结构与附近巴西今天的博罗罗人（Bororo）和葛人（Ge）的并无不同（Zuidema 1964；Lounsbury 1961），而迈克尔·科（Michael Coe）为古代玛雅低地提出的一种社会结构是基于四个平等社群单位的权力定期轮换，在结构上类似于在今天阿尔泰山柏柏尔人中所见（Coe 1965）。

　　这类工作的最大危险是，根据一种不充分的例子或在并不充分了解民族志证据意义的情况下，在考古学材料和民族学材料之间画等号。没有什么会比根据统计学关联性得出看似合理的结论，但是对其结构的解释了解甚少而更具误导性了。比如，就像非洲的许多村落，南美的博罗罗村落里房屋围绕着一个中央空地安置。在博罗罗人中，房屋的这种安置是半族（moieties）和氏族（clans），而根据列维-斯特劳斯（Lévi-Strauss）的看法（Lévi-Strauss 1953：534；1963：141-142），这种安置反映了"土著人脑子里自觉的一种社会结构模型"。简言之，博罗罗村落是某种思想的"客观和明确的外在表现"。在祖鲁人中，甜甜圈形状的聚落是因为要在营地中心形成一个保护牲口的围圈（Murdock 1959a：383）。圆形聚落形态见于乌克兰的特里波列文化（Tripolje culture，公元前 4 世纪），虽然它们并非与该文化相伴的唯一村落类型。随便的比较可以从博罗罗或祖鲁的模型，或从两者毫不相关的方式来对这些圆形村落进行解释。一种较为系统的方法是尽可能多地调查各种拥有甜甜圈村落的文化，以便确定导致产生这种村落的所有因素。就考古学家来说，他会试图发现特里波列村落不同部分的功能。可以分析村落广场空地的土壤，看看这里是否被用作牛圈，并且对每座房屋的器物分布进行分析，以便看看工具集合是否有与博罗罗人氏族对应的划分。最后，可以努力看看克罗米什奇纳（Kolomiishchina）的特里波列村落中央的两座房屋是否具有男人屋的功能，这与博罗罗人的村落相同。

一种很不科学的解释认为，在某文化中存在女性雕像是母系社会结构的证据（Neustupny 1961：45，46）。就我所知，目前没有民族学证据支持这种关联的有效性。另外，有大量证据表明，一种强调性别特征的女性雕像传统在欧洲和近东有广泛的分布，始于旧石器时代晚期，并一直延续到铁器时代。这些雕像并不与任何单一的文化类型，而是与各种各样的文化类型相伴，它们看来最早是由狩猎人群制作的，一般来说这些群体是父系或父母系双边结构（bilateral organization），而非母系结构。

复杂社会的起源

由于大量的人类学文献关注社会结构和政治结构，我们将把 *51* 下面的讨论集中在某些与后面对前王朝埃及的观察相关的理论问题上。总的来说，对亲属系统没有什么可说，主要是因为对前王朝时期埃及的房屋和社群结构知之甚微。确实，尽管有丰富的文献资料和海量的考古学材料，但我们甚至对历史时期的情况也不清楚。我们所知的内容是由默多克从人类学角度进行总结的（Murdock 1959a：107）。除了那些用来指称核心家庭成员的称呼外，埃及人显然没有基本的亲属称谓。较远的亲属要么沿用核心家庭的名称（父亲和祖父称呼相同，叫 jt），要么采用描述性词汇（比如，母亲的兄弟被叫作 sn·s n mwt·s，而她的舅舅也这样称呼）。继承看来是双边的，没有延伸家庭、世系（lineage）、同胞（sibs）或氏族的证据。在王室家庭里，存在兄妹婚姻，看来在下层阶级中，第一代堂表亲并不通婚。一夫多妻和纳妾只是在官员中流行，新婚夫妻会建立一种独立的、明显是婚后居的住宅。

　　维多利亚时代的浪漫主义还未完全从文献中排除这种想法，即埃及历史上曾有一种较早母系社会结构的残余（Murray 1951：100-104；Edwards 1964：31）。提出这种说法的时候，人类学家声称，母系结构比父系结构来得原始，并在全世界都早于父系社会。而且，还发现有确认这种说法的证据。这种证据包括这样的事实，即古埃及的铭文中有时会提到某人的母亲而非其父亲；婚约常常包含财产归于男子之妻的条款；国王与其姐妹结婚，这据说是因为王位由女方世系继承，于是，只有与他的姐妹结婚，法老才能确保其王位传给其儿子。这些说法没有一个令人信服。提及母亲而非父亲的名字，很可能是在一夫多妻家庭里区分同父异母兄弟姐妹的一种办法；专门指定财产为妻子所有，只是表明妇女有可以继承并持有财产的权利（Hughes 1966）。事实上，法老常常并不与其姐妹结婚，而当他们与姐妹结婚时，王位常常由地位较低妻子的儿子继承。王权的神秘特点显然是一种父系继嗣，据此某国王继位的方式就如荷鲁斯（Horus）继承其父王奥西里斯（Osiris）的方式一样。早期埃及学家沉浸在当时的进化论中，错误地解释一种双边的亲属结构，以及把埃及社会中妇女地位较高作为母系制的证据。他们在这样做的时候，并没有像当时阿拉伯学者那样错得离谱，后者设法在前伊斯兰阿拉伯父系社会中寻找母系制的证据。

对社群结构可能知之更少。前王朝时期的乡镇规划发表得很少，发掘的大部分聚落看来是那种随机散布的房屋。

但是，从很多方面能够确定埃及的社会发展和政治发展，这些发展将埃及从一群一盘散沙的、简单的粮食生产村落转变为一个统一而文明的国家。了解这个过程需要大量有关复杂社会起源的文献知识。目前，对这种起源没有某种单一的理论，但有由许多学者在不同领域构建的许多不同的理论。

首先，我们需要颇为主观地定义一些术语，因为对这些术语的含义经常会有争议。存在一种将对"文明发展"的研究、对"国家起源"的研究以及对"城市社会兴起"的研究大体作为同义词来对待的倾向。这明显是草率的用法，因为城市、国家和文明分别指称一种聚落单位、一种政治结构以及文化发展的层次。那么，让我们统一采用"复杂社会"这个术语，作为对任何大体具有这些特征的社会的一种总体表述。

对于国家而言，它是指其首脑为一种永久设定之权威的社会，能用强制性手段来实施其决策（S. Moore 1960：643）。这个定义不仅适用于独裁政权，而且适用于所有现代国家，就如任何想逃

税的美国人很快就会理解的那样。在所有社会里，权威或领导权
会以各种形式存在。但是，在非国家社会里，决策的实施完全取
决于公众意见，而非由政府处置的强制力。在这种社会里，决策
只有在让所有参与方感到高兴或害怕受到排斥，或有群体暴力迫
使人们这样做时才会被遵从。无国家社会见于所有狩猎采集人群
以及许多原始的农人中。有些群体如平原印第安人，有武士团体
或秘密社会，他们有权在年度的某些季节（比如在对于该群体的
生存至关重要的主要狩猎季节）惩罚违反原则的某些部落成员
（Forde 1934：56-57）。但是，这种功能不是永久性的，而具有这
种社会的游群并不组成国家。国家在某种程度上毫无例外是分层
的，但是并非所有分层社会都是国家。几种公认的阶级（包括奴
隶），见于纳切兹（Natchez）、海达（Haida）和特林吉特（Tlingit）。
然而，在这些社会里，酋长并不拥有原来能使他们成为国家首脑
的强制性权力。除了经济的剩余产品外，国家的存在还需要一批
能够被有效强制的较定居的民众。这些要求常常能够得到满足，
但国家见有差异很大的经济，其中有些国家非常复杂，而有些只
是一种简单的劳力分工。

　　虽然有人试图根据人口规模和密度来定义城市，但结果总体
看来很不尽如人意。世界上许多地方的村落拥有几千人，他们全
部务农或完全为本地从事手工业生产。而在许多古代城市甚至近
代一些西非的传统城市里，居住着大量的农民（Bascom 1955），
53 一个城市的主要标准是拥有一大批并非主要参与食物生产的人口。
欧洲的中世纪城市，虽然常常仅有几百人，但是工匠和商人居住
的地方，他们用舶来品和各种产品与附近的内地农民交换食物

（Weber 1958：65 - 67）。因此，城市有时是根据从事生产和贸易的社区来定义的。不过，这个定义从一般用法来说过于狭窄。城市也被建设作为政府、宗教活动、防御乃至娱乐的中心。中国传统的城市是筑墙的行政中心，那里居住着政府官员以及当地的地主。后者觉得城镇生活要比乡村生活更有意思，而住在政府所在地能够使他们得到更好的保护，免受心怀不满的农民的攻击。此外，这些城镇吸引了大量的工匠和侍从，他们为上层阶级的需要服务。费孝通指出，中国城市生产的货物只有一小部分出售给周边的农村（Fei 1953：114 - 115）。

城市见于分层明显的社会，具有复杂的劳动分工。这些城市作为这类社会从事政治、经济或社会特殊活动的中心。因为城市是这些活动非常有效的场所，看来就有一种社会日益分层和经济复杂化以促进都市聚落形态发展的趋势。另一方面，至少有两类早期文明，古王国埃及（Frankfort 1956：97 - 98；Kraeling and Adams 1960：124 - 164）和古典玛雅（Coe 1957）看来并没有城市。这些社会的贵族活动是在一个较为分散的环境中举行的。

第三个术语最具有争议性。根据某些定义，文明是复杂社会之历史的一个片段或一种轮回（Kroeber 1953：275）；根据其他人的看法，这个术语要根据某些绝对标准来衡量，只限于那些达到了特别高的道德行为标准或艺术成就的复杂社会。后面这种定义从人类学观点来看特别令人反感，因为将该术语限定在复杂社会，它们看来否定了"原始人群"的道德成就和艺术成就。总的来说，该术语被用来指称已经达到文化发展先进水平的社会。用来定义这种水平的标准包括读写能力、城市化、纪念性建筑、正式的艺术风格、精确的科学和预测性的科学，还有国家的存在（Childe 1950）。某特定文明通常是根据这些标准的松散结合来定义的，但有时读写能力或存在城市被认为足矣。例如，摩尔根就认为表音文字的发明就是文明的一种"标准化石"（Morgan 1907：12），而肖博格（Sjoberg）完全根据自己的看法坚称，因为古王国埃及具有文字，所以它很可能有城市（Sjoberg 1960：33，38）。但是，这些标准因为关联性不足，无法期望它们被用来定义结构上处于相同发展层次的所有社会。前哥伦布时期的玛雅拥有文字，但是没有城市，而高地墨西哥人拥有城市，却没有一种发达的文字系统。艺术和纪念性建筑是蹩脚的参照，不仅因为它们在不同文明里发展的程度各不相同，而且因为某些群体采用的材料要比其他群体采用的材料更易朽烂。中国人用木头建造大部分的公共建筑，留下的古代纪念物比古埃及和古希腊的少得多，后者的是用石头建造的。如果文明一词需要有意义的话，它必须从结构上，而非根据某些特定文化物品的存在或缺失来定义。

54

优秀的艺术、文学、手工艺取决于训练有素和高度专门化的工作人员。这种专门化程度是村落中兼职和全职的专业人员做不到的，他们只是为整个社群的需要服务，或者云游各方出售他们的产品。先进的专门化需要一种高水平的技术知识、劳力的专门化以及资助这些工匠并采用他们产品的赞助人。文明可以被形容为一个发展阶段，它始于艺术家、工匠和学者的出现，他们设计的产品和服务并非针对社群的全体成员，而是针对社会地位很高的群体。这种发展涉及同一社会里贵族和平民文化的分化，以及雷德菲尔德（Redfield）所谓的伟大和渺小传统的两分（Redfield

1941，1947）。赫塔·哈塞尔伯格（Herta Haselberger 1961：341）对艺术也提出了类似的观点，她指出，分层并不明显的社会具有同质性的艺术风格，但是在较为复杂的社会里，就如与欧洲人接触时期之前的夏威夷和贝宁，便有可能分别出"贵族"和"平民"的传统。

文明必然是这样的社会，它们在社会上是分层的，而所有已知的文明都有政府形式的国家。因此，国家的存在看来是文明发展的一种普遍的先决条件。尽管城市看来是将一个复杂社会组织起来的最有效方式（因此文明就会有一种长期趋势来发展城市），但是至少有某些早期文明看来没有城市。而且，至少有少数例子，城市看来是在没有国家的情况下存在的。一直到穆罕默德时期，麦加是一处重要的贸易社区，然而它缺乏政府形式的国家，里面居住着古莱氏（Qureish）部落的各个家族，诉诸血仇来解决彼此之间的纷争（Wolf 1951）。麦加显然不是一个村落，然而某些权威争论，它是否应该被叫作城市，或用比较含糊的名称，如镇。同样，虽然西非的约鲁巴（Yoruba）有一些城市，但是否应当考虑它们拥有一种文明却存在争议。根据我们的定义，它们很可能是有的。

对这三个术语进行区分，我们不仅能够更准确地找出复杂社会发展的不同方面，而且能够看出不同社会演化理论之间的关系，这些理论更多是根据专门术语和历史的偶然而非根据逻辑来加以区分的。

尽管具体细节差异很大，但是大部分关注复杂社会发展的理论大致可归入两类（Macleod 1924；Lowie 1927）。

第一类理论将技术和经济因素看作文明发展背后的直接驱动力。这种社会取得的团结是一种有机的凝聚，由劳动分工日益强化而造成经济相互依赖的增长。这种经济上的相互依赖促进了区域政治结构的发展，以方便和确保物品在较大规模上的交换。这进而促进了社会的分层，经济、宗教和军事机构扩大并变得日益等级化。

第二类理论把政治视为导致国家发展的诸多因素中的主因，即使经济动机如希望获得土地、贡品或更多的劳力会起作用。这类理论认为，国家的形成是因为某个群体通过征服实施对其他群体的支配。这类国家里的征服者从被征服者那里获取贡品，并用它把自己从生计劳动的需要中解放出来。"征服型国家"这个术语常常指通过强制而产生的国家，常常出现某些可悲的含义，特别是它与这样的想法为伍，即正常情况下被征服群体在族属上与征服者有别。龚普洛维奇（Gumplowicz）最早提出了这一点，声称没有一个人群会狠心到以自己的族人为奴（Gumplowicz 1963）。征服理论也不够充分，因为它没有认识到，除了征服之外，很多政治因素也会促成国家的形成。甚至许多真正的征服型国家的核心是通过巧妙的政治手段将部落和村落结成联盟。不管怎样，"政治驱动"的国家是涂尔干（Durkheim）所谓的机械式团结，也就是通过武力或统一思想做到的。这种机械式团结与通过经济日益相互依赖所取得的有机团结形成对比。迈克尔·科把这些社会类型叫作单方的（unilateral）或有机的（organic）（Coe 1961），而这些术语适用于它们。但是，应当了解的是，单方的和有机的两种因素在某些特定情况下常常都会起作用。

　　单方理论和有机理论有着十分不同的学术渊源。前者是由社会学家提出来的（Gumplowicz 1963；Oppenheimer 1914），受到了欧洲历史观和民族学家主要在非洲工作的影响。另外，有机理论一直是史前学家推测新旧大陆文明起源的整体组成部分。事实是，前者的理论家主要关注国家起源的解释，而后者的理论家是要解释文明的起源。另外，因为国家与文明的起源明显是相互关联的，所以在这两种理论的倡导者之间存在大量的激烈争论。

　　大部分较早的有关复杂社会起源的有机理论解释，都是用生态决定论的方式来表述的。绿洲或干旱假设认为，近东后更新世（post-Pleistocene）降雨的减少破坏了该地区的自然植被，迫使人们和动物以前所未有的亲密程度生活在残留的河流与绿洲周围。这需要人们发明某些更有效的生产模式，包括对动植物进行操控。动植物的驯化导致人口的增长，促使较大的社会单位和经济单位的形成，进而产生了较大的社会差别和经济差别（Butzer 1964：435 - 437）。

　　另一种与绿洲假设关系密切的单因论解释是由卡尔·魏特夫提出的灌溉理论（Wittfogel 1957：13 - 48；1959）。魏特夫抓住了绿洲理论的一个方面，即当人们被迫撤退到近东河谷的沼泽地带，他们必须开发出控制洪水和灌溉的系统，以便在这种肥沃而严酷的环境里兴盛。这种水利系统需要强有力的集中控制，以确保其发展和维持，这导致了一种严苛的官僚政府（魏特夫称之为"东方专制主义"）的发展。

　　这种理论的一种较为精致的版本是由朱利安·斯图尔特提出的，他声称，随着大河流域人口的增长，对水源供应实施日益增

56

强的控制就变得必需，宗教约束开始发挥作用，导致了神权贵族国家的产生（Steward 1955：178 - 209）。当人口压力继续增加，各个国家开始为土地而争斗，这逐渐使军事阶级崭露头角。后来，斯图尔特认识到，贸易可能对内部分化是一种更有力的刺激，还有各种相互毗邻的微气候（气候各异和界限分明的小区域，它们在动植物和农作物的生产上有别），也会像肥沃土壤一样促使复杂社会的发展（Steward 1960）。

最近的有机理论虽然已经倾向于避免对复杂社会起源的单因论解释，但是集中于揭示经济上各部分的发展如何能导致社会的日益分层和国家与文明的发展。罗伯特·亚当斯（Robert Ad-ams）将该过程形容为与某群体生产的剩余产品数量、生业基础的复杂性（根据栽培谷物的数量和生产者之间交换物品的数量来衡量）有关，最后是与土地利用的强度有关，其唯一的特征就是灌溉（R. M. Adams 1960a）。亚当斯用美索不达米亚有机文明发展的介绍为例（R. M. Adams 1960b，1966），来说明这种集中于解释社会系统发展的方法。

在公元前第八个千年，食物生产经济看来是在土耳其和波斯高地发展起来的。5 500 年后，小型的农业与畜牧社群在底格里斯和幼发拉底河河谷开始确立。在这种新的环境里，谷物栽培变得多样化，小型的灌溉系统发展起来，产生了较多的剩余产品。可耕地（至少靠近河流）日渐升值，新的土地拥有系统的发展促进了分层社会的形成。争夺土地也将群体团结起来以便联合攻防，而生业基础的日益复杂化也要求新的政治机构来整合经济。逐渐地，一种城市中心的网络开始出现，各自作为附近村落或畜牧社群的中心。看来，城市里指导经济的原始中心是庙宇，它们早在前文字时期（公元前 3500？—前 3000 年）就已经为作坊和仓储的一种复合体所围绕。这些庙宇不仅是手工业专门化的中心，而且包括了大量农业依附者在内的再分配网络。大约在早王朝时期（公元前 3000—前 2425 年），早期的战争领袖看来成了国王。这些国王拥有大量的地产，并首次主要关心维持城市的防卫并增加和装备军队。虽然当地的机构，还有世俗和庙宇官员的权力依不同城市而异，但是当早王朝时期战争变得日益频繁，有一种世俗权力日益增强的趋势。这些城市国家的需求反过来刺激了职业专门化的发展，以供应武器装备、奢侈品以及批量生产的必需品。作为这些发展的结果，阶级结构变得日益分化。

于是，在一种城市国家的战争背景下产生了美索不达米亚文明。职业专门化、社会分层以及经济机构和政治机构的发展看来进展很快，区域生活某一部分的发展与其他区域这些部分的发展紧密相关。尽管各城市国家之间为霸权纷争不断，但是在阿卡德时期（Akkadian period，大约公元前 2350 年）之前，没有一个城市国家能够取得垄断权。同样，各国内部的权力也呈多中心分布，各种利益团体的代表有时发生公开冲突。看来，这些城市或各城市国家，以及美索不达米亚文明的整体，或多或少是同时兴起的，并且是单一过程的组成部分。

在有机理论的发展中，现在越来越关注社会和经济发展的民族志研究。其中之一是林顿（Linton）对马达加斯加塔拉纳人（Tanala）的研究（Linton 1933）。该研究清楚地表明了，该地区的社会分层和一个强有力的集权政府是如何因旱地作物转向湿地稻作栽培而发展起来的。在引入水稻之前，塔拉纳人是流动的农人，不在乎土地所有权，拥有一种简单与或多或少平等主义的社会。引入湿地稻作之后，谷底相对较少的灌溉田地变得特别珍贵，这不仅提高了住在那里的那些家庭的经济和社会地位，而且刺激了一个强有力集权政府的发展，以便能够保护这些新业主的权利。虽然其他研究表明，尽管会有这样的变化，而仔细调节土地分配计划仍能够在相当长的时间里维持一个相对平等的社会（Leach 1961a），但林顿的研究仍是对一个国家如何起源的很有价值的说明。

虽然有机国家和有机文明的兴起是对经济日益复杂化的反应，但单方国家基本上是以政治因素组织起来的，并在较为简单的条件下发展而成。后一类国家的主要前提是能够生产足够的剩余产品以维持一个统治阶级，以及一个必须向其统治者提供税赋的定居生产群体。这些条件见于农人和流动性不大的牧牛者中，但是鲜见于非食物生产者群体中。

在技术比较简单、生产资料被农村种植者控制的地方，渴望
58 扩大其统治的首领必须增加他所能调遣的劳力供应来做到这一点，他可以尽可能多地吸引追随者来做到这一点，这些人往往是从事农业和手工业生产的农人或武士，为他提供税赋和战利品。这些税赋和战利品能够被首领作为赏赐再分配给他的支持者和心腹。在缺乏劳动分工或资源不足以推动区域层次上的经济相互依存的情况下，建立一个单方国家就成为一个获得支持并加以维持的问题（Fallers 1964）。

问题是如何获得这种支持。有人声称，尽管征服是扩大权力

非常有效的手段，但没有证据表明，一个分层社会或国家社会是由某无阶层社会对另一无阶层社会的征服而产生的（MacLeod 1924）。这种说法意味着，所有征服型国家都是围绕着一个最初的有机中心发展起来的。但是这种说法未必站得住脚，只是因为并非所有的单方国家都是征服型国家。

　　一个国家的核心会通过基于亲属或仪式维系的联盟而形成。南苏丹的希卢克王国立足于王权神授的共同信仰，并结合了对王室与重要氏族之间联姻的精心操纵（Gluckman 1965：135-142）。埃德蒙德·利奇（Edmund Leach）介绍了缅甸高地的克钦人（Kachin）酋长是如何设法通过联姻结盟，模仿低地的掸族（Shan）而建立起国家的（Leach 1954）。但是，通常这些国家要么结构松散，如希卢克王国，要么是失败的，如克钦人的例子。但是，如果这些国家能够通过征服进行扩张，它们的统治者能够获得贡品，那么后者的权力就会增大。伊斯兰国家就是这样的例子。这个国家通过宗教运动，将贝都因人和居住在乡镇的阿拉伯人团结到一起而发展起来。这种运动发展的重要中心如麦加和麦地那（Medina）在穆罕默德时代之前是无国家的社群，但是阿拉伯对近东古文明的征服，很快将早期伊斯兰国家的魅力型领导转变为强大的世俗君主。

　　一个单方国家的核心可能是社会分层的部落群体，其首领并没有很大的强制性权力。地域扩张可能将一个社会改造成一个组织良好的国家。例子之一便是祖鲁帝国，出生在1787年的沙卡（Shaka）作为武士而闻名，他发明了投矛和新战术，使祖鲁以不可战胜的优势压倒了其邻居。1818年他成了祖鲁的酋长，通过一系列残酷的战役，使其影响遍及纳塔尔（Natal）的大部分地区。尽管他的新王国分成好几个酋邦，但是只有国王本人才有权召集会议和控制军队，这些军队由王国的年轻人组成。国王是最高裁决者，他驱逐境内所有的求雨法师，并说独有他才能控制上天。格卢克曼（Gluckman）认为，土地的日益短缺和欧洲人日增的贸易，是当时激发部落之间冲突的主要因素。沙卡在 1828 年被刺，而他的继承者没有能够在内部竞争和欧洲人扩张中控制住他的帝国（Gluckman 1940）。促进国家发展的其他因素包括游牧群体想要劫掠他们定居的邻居，背井离乡的人群想要找到栖身之地，以及统治者想要控制贸易通道。

　　通过征服而发展的王国并不限于单方起源的国家。在墨西哥、美索不达米亚和古希腊，那些看来曾是有机发展起来的国家，后来通过征服和向其邻居强收贡品而扩张。在西班牙征服时期，特诺奇提特兰（Tenochtitlan）国家对墨西哥高地的大部分地区征收贡品，虽然它几乎不干涉臣服于它的城市国家的内政。美索不达米亚看来一直也是这种情况，直到萨尔贡（Sargon）上台，他用自己的行政官取代了他所征服城市的政府，将它们改造成了单一的地域国家（虽然是短命的）。单方国家的主要特点是，它们看来是根据政治关系而非经济关系组织起来的，因此能够建立在一种比有机国家所要求的更为简单的经济基础之上。国王能够用这些贡品来为其权力获取或回赠支持，但也能够从国外购买维持宫廷的物品，并招募能工巧匠为他制作各种所需品。这样的社会如果足够大和足够富裕的话，再加上有足够的外来刺激，就能为文明的发展提供一种基础。但是，这种发展通常发生在宫廷的庇护和控制下。

　　还可以在有机社会和单方社会之间指出一些其他差异。有机社会的兴起是经济日益相互依赖的结果，开始常常仅覆盖一片小的区域，有单一城市作为其中心。这种城市国家的形态看来在美索不达米亚、墨西哥高地和古希腊延续了很长的时期。另一方面，征服型国家可以迅速崛起，并席卷大片地区。比如，蒙古帝国用一代人的时间就从中国扩张到东欧。于是，新兴单方国家的规模要比有机国家的规模较为多样化。它们在稳定性上也各不相同。因为有机国家是应对经济需求的结果，所以它们有比较稳定的基础，即便被征服或被迫向其他国家长期纳贡，也能维持它们的认同意识。然而，如果武力的威胁和维持它们的仪式纽带失效，单方国家就会迅速解体。因为缺乏稳定的核心，单方国家会崩溃，并以很大的规律性而彼此取而代之。马克斯·格卢克曼声称，这种规则的主要例外是那些内部分化迅速的单方国家，以及那些外贸体量巨大的单方国家（Gluckman 1965：143 - 144）。这些因素都会让这些单方国家发展出很像有机国家类型的那种经济基础。

　　与美索不达米亚不同，埃及在古王国时期形成了单一的国家。在行政管理等级的顶端是国王，他被尊为上帝，并在理论上拥有绝对的权力。从第四王朝以降，也许更早，在国王下面有个大臣，而在这个大臣以下是各行政部门，它们的权力一直下达基层。在官僚等级的最下层是村落书吏或头人，他们负责征税，并处理社区与地方官员之间的关系。在古王国时期，高级官员在其任职期间，会在地区和各部门之间轮换。只是在王权旁落的时候，他们才开始待在一个特定的地方，并在那里积聚封建的权力。以实物

60

交付的税赋被用来维持宫廷、各地行政机关以及全埃及的王室工程项目。它们还被用来支付进口的外来物产，贸易被王室垄断。埃及最好的能工巧匠都依附于宫廷。官员获得的奖励不仅有地产，还有王家作坊生产的礼物，以及王室出钱建造和装饰的墓葬（最初建造在在位君王墓地的附近）。古王国时期最大和最耐久的纪念物是庞大的金字塔群，每座金字塔群由在位法老的陵墓、他的祠堂、王亲国戚及其重要大臣的墓葬、守陵祭司们的村落和捐赠给金字塔群的土地组成。这些纪念建筑的营造历经好几代人，很可能花费了国家巨额的财政收入，是这一时期国王权力和控制的极好证据（Frankfort 1956：90 - 120；Adams in Kraeling and Adams 1960：142 - 143）。

虽然没有什么考古学证据，但是埃及文明的另一特点是城市在新王国之前明显无足轻重。虽然各地兴建庙宇，但是宫廷看来不时地转移，没有任何大型都市聚集的证据。大部分专门化生产看来是在宫廷里或在埃及各地政府的要塞或地产上而非在城市进行的。在该时期的绘画表现上，没有城市生活的场景。而转译为"城市"的 niwt 这个词汇，看来也就是指一般聚落。新王国首都埃尔·阿玛纳（El Amarna）杂乱蔓延的乡镇地产和分散的布局看来也反映了埃及缺乏一种有力的城市传统。

根据纯粹的结构，古王国埃及的社会和政治结构的历史发展可以有两种解释。一方面，我们能够推断，埃及发展的这个阶段，堪比美索不达米亚萨尔贡时期或之后的发展。这便说明，埃及起初是作为一系列小型的城市国家发展起来的，这些国家后来融合成一个民族国家。另一方面，我们能够推断，埃及是一个征服型国家，埃及文明后来在王室宫廷的领导下发展起来。根据一种纯粹的结构观，这两种解释都是有可能的①，虽然缺乏城市，但如果得到确证，可以支持后一种解释。幸运的是，考古材料为我们提供了在这两者之间进行选择所需的信息。

---

① 涉及从共时性结构来推断历史发展诸多问题的讨论，请参见 Sebag 1964：176 -
178。其中讨论了仅采用结构材料来重建美国历史和俄国历史所涉及的假设性问题。

第六章

前王朝的埃及

　　1965 年，安东尼·阿克尔和彼得·J. 乌科（Peter J. Ucko）发表了一篇题为《尼罗河河谷前王朝发展的回顾》（"Review of Predynastic Development in the Nile Valley"）的文章。其中，他们提到了当下对埃及文明史前起源了解的一些严重不足。他们将这些不足中的大部分归因于"缺乏很好发掘的遗址"。确实，由于许多原因，近年来在埃及很少有系统发掘的史前遗址，大部分研究是对老的和很糟糕的发表材料的再研究。毫无疑问，更多采用现代方法的考古工作才能解决许多问题，并为前王朝时期的性质提供新的洞见。同样真实的是，埃及史前研究也因为许多学者对其他早期文明发展解释的巨大进展缺乏了解而受挫。本章将讨论前王朝埃及历史解释的理论问题。

　　"前王朝"这一术语涵盖了大约公元前 3000 年国家统一之前

埃及所有已知的食物生产文化。了解最为清楚的序列见于上埃及
（现开罗南部的部分地区），包括拜达里文化（Badarian culture）、
阿姆拉文化（Amratian culture）和格尔塞文化（Gerzean cul-
ture）。这三个文化的连续性是令人注目的，实际上，正是设法对
阿姆拉文化和格尔塞文化的墓葬梳理出一个年表，弗林德斯·皮
特里（Petrie 1901：4-12）发明了他的序列断代（Sequence Dat-
ing）系统，这个系统采用了现代排列法（seriation）的基本原理。
为了根据时间序列对这两个文化的墓葬进行排列，皮特里开始观
察不同陶器类型流行度的波动。以这些陶器类型的波动为指导，
他得出了一个50个连续时段划分的系统，他用30到80编号。时
间长度不清楚，所以我们只能说，比如序列年代49早于序列年代
50。同样也没有理由认为，序列年代49与序列年代50之间的时
间长度必定同序列年代60与序列年代61之间的时间长度相等。 *62*
其实，越接近历史时期，皮特里划分的时段看来就越短。从历史
观点来看，该方法的重要性是立足于这样的设想，即考古记录中
足够的连续性，使得我们能够根据各种器物类型流行度的波动来
构建一种连续的序列。

　　埃及学家习惯于将塔萨文化（Tasian culture）作为上埃及序
列开始的代表，它被认为早于拜达里文化。该文化是仅凭单一遗
址的30座墓葬定义的。将它与拜达里文化区分开来的刻戳纹黑陶
现在被认为是侵入的材料，可能是格尔塞时代的。于是，塔萨的
墓葬现在一般被归入拜达里文化（Kantor 1965：4；Arkell and
Ucko 1965：150）。

拜达里文化

　　就像上埃及的其他前王朝文化，拜达里文化从墓地材料了解得最为清楚。这些墓地是从埃及中部卡乌（Qau）附近沿尼罗河东岸发掘出土的。此外，拜达里的生活居址见于马特马（Matmar）附近的哈马米亚（Hammamiya）一处有层位的遗址，还有拜达里附近一处峭壁下的莫斯塔戈达（Mostagedda）（Baumgartel 1965：7 - 13；Vandier 1952：191 - 230）。哈马米亚遗址提供了地层学证据，表明拜达里文化在阿姆拉文化结束之前走到了尽头。但是，认为阿姆拉文化是从拜达里文化发展而来的设想受到了沃纳·凯撒（Werner Kaiser）的挑战，他认为，因为阿姆拉的某些陶器类型见于某些拜达里遗址，所以两个文化似乎是彼此同时的（Kaiser 1956：96 - 97）。阿克尔和乌科指出，陶器的混合很可能是晚期陶片混入早期遗址所致（Arkell and Ucko 1965：152）。坎特（Kantor）更加中肯地声称，这两个文化不大可能在同一地区并存，而这些相似性最好作为拜达里文化向阿姆拉文化发展的证据来解释（Kantor 1965）。

　　拜达里文化的遗存表明了一种简单的食物生产经济。拜达里遗址出土的遗存清单里有牛、绵羊和山羊的骨骼，然而它们还未经过专家鉴定是不是驯化的动物。如果这些绵羊和山羊的骨骼能够予以正确的鉴定，那么它们可能是家养的，因为该地区并没有这类动物的野生种类。遗憾的是，这些不确定的骨骼很可能是羚羊的。有时发现这些动物被裹在席子里或布中，就像人类一样被分开埋在拜达里墓地的墓葬中。这表明动物祭拜的开始，这种祭拜在整个埃及古代史上源远流长。

　　这些遗址中还见有凹底和叶形的火石箭镞以及标枪，还有鱼类和鸟类的骨骼。发现有穿孔的贝壳和象牙鱼钩，但是没有渔叉。石器是用沿河流采集的火石卵石制作，而非采自附近山崖所见的块状火石。拜达里人没有能够利用这种比较好的石料，被有些人说成他们并非起源于尼罗河河谷的证据（因为他们对这些原料产地一无所知）。

　　有些墓葬里发现有栽培的二粒小麦①和大麦及面包的痕迹。谷物用刃部镶嵌火石的木头镰刀收割，并被储藏在黏土柜子里。人们可能采集野生的蓖麻子作为油的来源。拜达里人的衣服用兽皮制作，毛朝内，还有用皮革和亚麻制作的衣服。毛皮常常被说成天气较冷的证据（Arkell and Ucko 1965：150），然而众所周知，生活在甚至更暖气候里的苏美尔人在某些情况下会穿绵羊皮短裙。

　　拜达里的陶器大部分由碗组成，通常为红色，但内部和唇部为黑色，这是因为把陶器从火红的陶窑里取出来，倒覆在碳化物上所致。这些碗有的在烧制前先用梳齿加工，然后擦亮。拜达里人也用长方形的石头调色板（估计用来碾磨眼睑涂料），还有用象牙制作的勺、花瓶和人像。锥和珠子用冷锻的铜制成，还有外涂青绿釉的陶珠。有人认为，这些器物来自巴勒斯坦或跨越红海的旅行者（Arkell and Ucko 1965：150）。但是，拜达里人的生活很

---

　　①　二粒小麦：小麦的一类四倍体物种，仍在埃塞俄比亚种植。

少为人所知，而且很不确定。这些证据可以用来声称，拜达里文化要比通常想象的来得进步。长途贸易的主要证据是来自红海的贝壳，以及估计来自巴勒斯坦的雪松和刺柏。但是，由于当时的气候要比现在湿润，这些树木有可能是埃及本地产的。

拜达里居住遗址中没有提到房屋结构或布局的证据。估计人们住在兽皮帐篷或把草席挂在柱子上搭建的茅舍里。这样的建筑今天在埃及仍被用作掩体。莫斯塔戈达遗址有一个圆形的谷坑，勾勒出一片灰和陶片的区域。

墓地位于该聚落后面的沙漠里。典型的拜达里墓葬是一个椭圆形或长方形的坑穴，上面覆盖树枝或草席。墓里埋有一个或多个遗体，向左蜷曲，头朝南。遗体被草席或兽皮覆盖着，随葬有陶器和其他祭品。在多人墓里，并无妻子殉葬的证据，假如覆盖物完整，该墓穴就很容易被打开，放入新的遗体。也没有任何证据支持穆里（Murray）的说法，即一直到新王国时期，平民被埋在荒野或扔到河里，沿沙漠边缘的所有墓葬都属于上层阶级（Murray 1956）。所有阶段的这些墓葬看来代表了各阶层的埃及人群，一般而言，在拜达里文化的墓葬里没有财富的明显差异，也许这表明这一时期尚无社会分层（但未必如此）。

阿姆拉文化

64　　　拜达里文化之后是阿姆拉或纳格达Ⅰ（Naqada Ⅰ）文化，从大部分方面而言后者看来来自前者。各种连续性可见于石头调色板、象牙勺、动物柄梳子，还有雕刻的人像和动物肖像。阿姆拉遗址看来一般要比拜达里遗址大而且繁荣，它们分布在埃及中部拜达里附近的迪尔·塔萨（Deir Tasa），向南一直远到努比亚的霍尔·巴汉（Khor Bahan）。最重要的遗址是位于纳格达的一处大型墓地和两处聚落，以及顿德拉（Dendera）和阿拜多斯（Abydos）附近的一些墓地。获得的少数碳14断代结果属于公元前3800—前3600年。这些年代结果是在碳14方法发明后不久获得的，并采用较老（和较短）的碳14半衰期进行计算；而且看来因为碳14形成速率的波动，有时得出的年代早于公元前1500年，而给出的碳14年龄总是要比真正的历法纪年年轻（H. S. Smith 1964）。结果，可能还是采用前王朝埃及的碳14年龄作为相对而非绝对年代的指标比较保险。

阿姆拉文化的经济看来和拜达里文化的经济十分相似，农业和牛群饲养占主导地位，但是渔猎仍很重要。可以发现石器工具的生产大有改进，最明显的就是两面加工的工具。最好的刀在制作最后的刀刃时是磨制的，以便使它更薄。这些工具中最令人赞叹的是那些鱼尾形和菱形石刀。见有少数圈足的玄武岩花瓶，因为在美索不达米亚同一时期也有相似的花瓶，所以它们究竟是舶来品还是当地生产的仍是个问题（Vandier 1952：366 - 368；Arkell and Ucko 1965：152）。但是拜达里时期制作粗糙的石器皿（Vandier 1952：216），而这些器皿看来标志着后来代表埃及文化的石器皿加工传统的肇始。因此，阿姆拉花瓶和美索不达米亚花瓶之间的相似性未必证明前者源自美索不达米亚。阿姆拉时期埃及人加工硬石的能力，可以从用闪长岩制作盘状权杖头得到证明。

这种古怪权杖头的粗糙原型也许见于拜达里文化。石头调色板呈菱形，后来做成鱼、河马和羚羊的形状。铜制品仍然很小且罕见，但是出现了别针。

阿姆拉的象牙梳有很长的齿，背上装饰有自然主义的人和动物形象，式样为圆形。河马獠牙被刻出人头的形状（常常带有胡须）。当阿姆拉时期初黑顶陶（一种器身上端呈黑色的陶器）的质量下降和波浪纹消失时，红陶器皿开始流行。有些这类陶器绘有白色十字纹饰，以及显示人与动物的场景，许多这些装饰后来成为埃及艺术的典型风格。男人经常显示他们的头发上戴有羽毛，就像历史时期的努比亚人和利比亚人（Libyans）所为，还有一直到早王朝时期还佩戴的阴茎护套。

65　　　该时期还见有大量用象牙和黏土制作的人俑（Arkell and Ucko 1965：152）。佩罗特（Perrot）认为，很长的踝和脸，还有象牙小雕像上发现的钻孔，表明了与巴勒斯坦这一时期繁盛的迦苏勒文化（Ghassulian culture）的密切关系（Kantor 1965：7）。这种文化联系的确切性质还有待论证。墓葬里无头的躯体和多出来的头骨表明了这个时期猎头的可能性（Murray 1956）。但是，这些发现有可能与阿姆拉人较常见的肢解尸体的风俗有关（Vandier 1952：248）。就我所知，没有考古学证据能够确证前王朝时期较晚的食人之风。

在哈马米亚发掘出一处阿姆拉晚期的小村落，发现了9座直径3到7英尺的圆形建筑。至少有一个是储藏室，还见有用作燃料的干牛粪，但另一座建筑的外墙附近有一个火塘，这显然是一个小屋。这些建筑的地基是把泥浆与石灰岩碎块和粗糙砂岩厚片混在一起而成。泥浆上的印痕表明，房屋的地上结构是藤条泥墙。仍然不清楚的是，纳格达附近被皮特里称为南镇（South Town）的聚落属于阿姆拉时期还是属于格尔塞时期。在其最后阶段，该镇建起了城堡，见有用泥砖建造的近四边形房屋。就它们最基本的特点而言，该墓地自拜达里时期以来似乎没有什么变化。

格尔塞文化

格尔塞文化又叫纳格达 II，是上埃及自阿姆拉时期一直延续到国家统一的文化。在此文化中，显示有较多的与西南亚来往以及人口和社会分层日增的迹象[①]。格尔塞遗址的发现区域要比早期遗址分布更广，从三角洲边界一直远到南部的苏丹（Baumgartel 1965：21-32；Vandier 1952：230-435）。文化活动的主要区域看来在埃及南部的底比斯（Thebes）附近。有些格尔塞乡镇如耶拉孔布里斯（Hierakonpolis，其大部并未发掘）看来占地面积很大，有用泥砖建造的长方形房屋。迪奥斯波里斯·帕尔瓦（Diospolis Parva）附近一座墓葬出土的一个模型，似乎显示由哨兵守卫的城堡或镇的局部城墙很可能属于这一时期（虽然它可能是阿姆拉时期的）。耶拉孔布里斯发掘的一个庙宇部分建立在一座很特别的椭圆形土墩上面，它的年代可能也属于格尔塞时期（Vandier

---

①　明显的是，许多文化变迁发生在格尔塞时期，而该"文化"应该细分为比较短的时段，如果它要与第三章里给予的文化定义一致的话。凯撒已经努力做到这一点（Kaiser 1957）。此地保持着"格尔塞"文化的概念，因为它仍然是一般的用法。

1952：518 – 552）。著名的纳尔迈国王（King Narmer）调色板就是在这座庙宇附近被发现的。

自阿姆拉时期以来有许多连续性，特别是黑顶和抛光的红陶器皿，以及数量日增的粗制器皿（Rough Ware）中的连续性。然而，光面陶（light-faced pottery）、各种形状花哨的器皿、浅底红彩装饰陶的日趋流行表明了一种来自西南亚的影响。鲍姆加特尔（Baumgartel）声称，后期装饰风格的各种母题与伊朗所见的装饰母题之间有一种传承关系。沙夫（Scharff）、法兰克福（Frankfort）和其他人对此表示否认。在仔细调查两种对立的观点之后，范德（Vandier）总结道：

> 我们所见的影响并不非常明显。这关乎一种灵感，或至多是一种出发点，即认为格尔塞文化很可能借鉴了其东方的邻居。也许，甚至有必要拒绝这样的出发点，而承认这些文化相似的母题是在两个国家独立创造的。这类非常简单的设计支持这样的假设。（Vandier 1952：363）

慢轮是在格尔塞时期引入的，被用来制作窄口器皿的顶部。也有可能的是，许多原先在整个上埃及村落里小规模制作的陶器类型如今在几个中心被大量生产。

格尔塞时期的火石工具是用一种有控制的波纹状平行压片技术（ripple flaking）制作的。这种技术最出色的产品是一些很薄的像匕首的石刀，以及较老式的鱼尾形石刀。接近格尔塞时期开始的时候，平顶的权杖头被一种类似美索不达米亚采用的梨形权杖头取代。这种式样看来是从三角洲传到上埃及的，并在那里可能从阿姆拉时期就为人所知。诸如斧子、短剑、渔叉、刀、针和指环等铜器现在是铸造的，并明显是大量生产的。

本地艺术和手工业有了巨大的改善。装饰更加精细，式样安排和制作质量也是前所未有的高。虽然卡普托斯（Coptos）发现的 13 英尺高的粗糙神像敏（Min）不再被认为属于前王朝时期，但是至少有一尊较小的用玄武岩制作的雕像代表了一位神祇或一位带胡须的敬神者。动物形象的器皿用硬石制作，有大象、鸟、鱼和龟等各种式样（Vandier 1952：306‑317）。珠子和护身符的数量与质量大为提高，它们用进口的石料如天青石制作，有的用金和银。这些物品不仅表明了技术的进步，而且代表了一批对奢侈品十分关注的贵族的发展。

新的建材以及艺术和建筑较大的一致性，是这一时期文化变迁的特点。社会分层的证据可以从墓葬大小和日趋多样的设计上看出来。许多较为考究的墓葬用板条围起来，并有好几个墓室。而耶拉孔布里斯的一座所谓"王室墓葬"就定在格尔塞晚期。该墓的墓壁抹灰，上面并排绘有埃及和来自亚洲母体的壁画。当地母题和外来母题的相似混合也见于阿拉克山（Gebel el Arak）石刀的象牙刀柄上（见图 6‑1），这件东西并非在原地发现的，但是看来属于这一时期。这种当地母题和外来母题的混合是该时期源自亚洲的特征抵达埃及的进一步证据。

大约公元前 3000 年时期的格尔塞文化见证了埃及的统一，曾经被叫作塞梅尼（Semainian）。但是，现在这个术语已被废弃不用，而埃及的统一被作为划分格尔塞时期与早王朝时期的界线。采用政治标准来定义文化阶段并不令人满意，采用塞梅尼这个名称来指称格尔塞晚期和第一王朝最初几十年这段强烈文化活动的时期还是有用的。该时期见证了埃及文字和一种平行砖砌纪念建筑风格的最初发展。铜器和器皿变得越发常见，并且该阶段的艺术成就可以用片岩①和雪花石制作的盘子，还有王室调色板、墓碑以及纪念性雕刻的肇始为例。在同一时期，前王朝时期装饰美丽的陶器被各种较简单、较实用的器物取代。社会日益分层和王室权力日增的证据见于统一后不久王室墓葬里所见之人牲和陪葬的侍从。尽管有这些新的发展，但是凸显文化连续性的最好证据是，现在所知皮特里的序列断代一直顺利地延续到早王朝时期，而埃及的统一发生在序列 65。

下埃及

下埃及（即三角洲）的前王朝文化并不如南部那么清楚，两个地区的可比性也较差，因为北部文化主要通过聚落被了解，而南部文化主要通过墓地被了解。迄今为止发现的主要遗址位于三角洲的顶部及边缘，这些遗址表明，该地区前王朝时期的文化传统与南部地区的文化差异很大。这些单个遗址彼此相距甚远，迄今为止无法构建一个与上埃及比肩的文化序列。一般认为，三角洲本身前王朝时期的遗址发现极少，因为大部分看来都被掩埋在晚近的冲积层堆积之下。

---

① 片岩：一种结晶岩，可以很容易按层将它剥离开来。

在开罗西南部发现的法尤姆 A 文化（Fayum A culture）的碳
14 断代大约在公元前 4400 年。属于该文化的这些遗址是在一个
古代湖泊的北岸和东北岸出土的。发掘报告表明（也未得到专家
的确认），很可能存在家养的绵羊和山羊的骨骼（也许还有牛，然
而附近很可能存在野生的牛群），两处地下谷仓出土了二粒小麦和
大麦。没有发现房屋结构，而住所可能是用芦苇或草席制作的茅
屋，位于靠近湖边富饶土壤条带的背风处或土墩上。谷仓位于居
址附近位置较高的地方而非遗址里面。狩猎大型动物，包括大象
和河马，从湖里捕捞鱼和贝类。发现了骨制的小型渔叉和斜边尖
状器，但是没有鱼钩。据说渔叉类似巴勒斯坦的同类，而不像南
部较远地方如苏丹和东非的种类。贝壳饰件看来来自地中海和红
海。箭镞很像拜达里文化的同类，以及远在西面的阿替林文化
（Aterian culture）的类型。还有木柄镶嵌火石的镰刀和刃缘磨制
的石凿。除后者外，这些器物的形状很大程度上是根据功能确定
的，与世界上许多地区文化中的器物类似，所以不能认为法尤姆
A 文化与南部的喀土穆文化（Khartoum culture）有任何亲缘关系
（Arkell 1961：33，34）。两类文化中都见有斜长石的珠子，这并
不能证明它们与共同的来源有接触，因为这类石头见于尼罗河河
谷东部的沙漠，也见于西部的提贝斯提（Tibesti）山脉。而阿克
尔声称，它们很可能来自提贝斯提。

　　篮子十分常见，被用来围起谷仓，并且也生产粗糙的亚麻布。
陶器用粗黏土制成，包括袋形器皿和平底盘，有些饰有红色的条
纹，其他则是高低不平的素面。不见刻戳纹、梳纹或彩陶。麦克
伯尼（McBurney）认为，这类陶器以及镰刀显示了与黎凡特

（Levant）沿海地区的关系（McBurney 1960：233 - 238）。

法尤姆 A 文化的一个问题是它与埃及其他文化的关系。碳 14 测年表明，它可能是尼罗河河谷最早的食物生产文化，并与拜达里文化之间有许多一般的共性。遗憾的是，拜达里文化没有可比的碳 14 测年，也不知道它最早起源于何时。声称法尤姆 A 文化早于拜达里文化的主要依据是，法尤姆 A 文化完全没有金属。但是，迈里姆达（Merimde）也没有金属，该遗址可能与阿姆拉文化同时。这表明，上埃及采用金属很可能早于北部，也许尼罗河河谷的金属加工是独立于西南亚而发展起来的[①]。

迈里姆达有地层的大型遗址位于三角洲西边（Vandier 1952：95 - 153；Hayes 1965：103 - 116）。它占地面积有 215 000 平方码[②]，文化堆积的平均厚度有 7 英尺。该遗址最上层的碳 14 年龄约为公元前 3530 年，而最下层约早 600 年。陶器和石斧、镰刀和箭镞与法尤姆 A 文化的类似。有些红陶装饰有反差不强的式样，而加工粗糙的黑顶陶也见于迈里姆达。抛光的黑陶仅见于遗址的上层。最上层的房屋和掩体是椭圆形的半地下建筑，其下部用泥浆土块制作，上部可能覆有抹泥的篱笆墙建筑，类似在哈马米亚所见的茅舍。村落内发现有大量的墓葬，这一风俗也见于巴勒斯坦，但不见于上埃及。迈里姆达出土的梨形权杖头看来模仿了来自亚洲的类型，并且是格尔塞权杖头的原型。坎特认为，圆形房屋、圆底碗和一种有四条人腿模型支撑的特殊器皿可以将迈里姆

_69_

---

① 铜的利用被认为来自西奈（Sinai）半岛。现在看来埃及南部可能也有矿源。

② 1 码等于 0.914 4 米。——译者注

达文化的时间大体放在阿姆拉文化的时间范围内（Kantor 1965：5）。这得到了碳 14 断代的支持。

另一个与迈里姆达相似的是欧迈里（El Omari）遗址，刚好位于开罗南面（Vandier 1952：154 - 166；Hayes 1965：116 - 122）。这两个遗址出土的陶器和石器十分相似，然而欧迈里出土的瓶子较大，而且没有柄。就像在迈里姆达，房屋是圆形的，墓葬在村落里面。根据类型学基础，容克（Junker）认为，欧迈里早于迈里姆达。虽然缺乏地层学证据，但是如今一般认为它要晚一些。这个结论得到了单一碳 14 年龄为公元前 3306 年的支持。欧迈里出土的大部分墓主都头朝南，面向西，这个风俗表明受到了上埃及的影响。有一具骨架被认为是当地首领，手握一根 14 英寸长的木头权杖。这令柴尔德认为，海耶斯（Hayes）把该欧迈里首领说成很可能是下埃及国王这一"十分勉强的看法"是对的。

开罗附近的马阿迪（Maadi）遗址更晚（Vandier 1952：466 - 496；Hayes 1965：122 - 134）。那里发现了许多上埃及产的器物，几乎肯定是格尔塞时期的。马阿迪是一个四处蔓延的乡镇，见有许多椭圆形茅舍和四边形房屋，以及用作仓储的洞穴般半地下室。有证据表明进口铜矿石，并在那里大量进行加工。矿石很有可能来自西奈半岛。当地陶器在许多方面类似于格尔塞文化中的陶器，与其他特点一起，这表明来自南方的日增的影响已经可见于欧迈里。马阿迪也出土了大量的陶器，其成分以及形状表明，它在青铜时代早期 I 来自巴勒斯坦。这也有助于确证该遗址的年代与格尔塞年代相近。

尽管有关于这些遗址所做的工作，但是仍然很难定义下埃及的文化。用它们的单色陶，以及普遍缺乏首饰、雕塑和装饰，将下埃及文化与上埃及文化区别开来。在下埃及，阉猪或野猪似乎要比南部更多，而各种祭祀活动比如聚落内的个人墓葬看来也限于这一地域。有人认为，下埃及残留下来的聚落要比更南面的聚落大得多，这也许表明在这一区域更加重视早期的城市生活。但是，这同样很可能是保存或发现的一种偶然现象。

证据的有效性

前王朝埃及的考古学显示了一种有别于西南亚的发展过程。在西南亚的发展过程中，一系列食物生产文化可以追溯到公元前8000年。在土耳其高地和黎凡特，像耶利哥（Jericho）、恰塔霍裕克（Chatal Huyuk）和哈希拉（Hacilar）这样的大聚落在公元前第七千年前就已经十分繁盛，而且冶金术早在公元前5000年就已经开始。之后不久聚落就开始在美索不达米亚的平原上出现。在那里，随着原始文字（Protoliterate）文化在第四千年间成型，村落发展成了城市，书写被发明。在埃及，新石器或食物生产时期看来出现较晚，而文明看来发展较快。

这至少是对考古记录认可的解释。但是，阿克尔和乌科十分恰当地质疑，是埃及的粮食生产阶段如史前学家相信的那样确实开始得很晚，还是某些方面的考古记录不完整或者被误读了（Arkell and Ucko 1965：155）①。这就提出了一些有关当下材料和我们用来解释它们的模型是否恰当的难题。如果我们能够确认，拜达里文化实际上就像我们认为的那么原始，那么有些问题可以区别对待。如果确实如此，那么上埃及文明的发展很可能是一个迅速的过程，不管该地区基本食物生产经济存在了多久。遗憾的是，因为拜达里遗址出土的原始金属物品和釉珠实际上可能是本地产的，并且是我们对拜达里文化其他所不知情况的表现，所以这并不确定。上埃及较为复杂的技术发展以及相伴的文化变迁很可能是在格尔塞时期甚至阿姆拉时期之前开始的。

只要试图对前王朝埃及的当下知识状态进行评估，就需要评判考古学证据以及为我们提供有关埃及历史的独立信息抑或影响我们解释考古发现的来自相关领域的所有证据。最近格卢克曼指出，社会人类学家在试图评估和利用他们专业能力领域以外的材料时会犯错误（Gluckman 1964）。尽管理论视野局限性的话是说给社会人类学家听的，但是史前学家对于这个忠告也不能掉以轻心，为了重建过去的图像，他们必须比较和利用从不同领域获得的材料。当然，这并不意味着可以以一种草率的方式利用这些信

① 这个问题的重要性可以由这样的事实加以强调，即在本书即将付梓之际，有篇传阅的报告认为魏特夫相信，他发现了旧石器时代晚期的渔猎者于公元前12500年生活在努比亚草原环境里的迹象。发现的镰刀和碾磨石器证明这些人群利用草类。并不确定他们是否栽培谷物或收获野生种子。行文至此，我找到的唯一文献是《美国科学家》（*American Scientist*）1967年第55期第342页的脚注。学者们应该密切留意未来对这项发现的讨论。同样需要指出的是，大约公元前6000年，昔兰尼加（Cyrenaica）的豪亚·夫塔赫（Haua Fteah）遗址存在家养的绵羊或山羊。在如此遥远的西部存在源自亚洲的动物，这表明至少在这个时候它们应该已经被引入埃及的北部。

息，或格卢克曼对社会人类学家的告诫不适用于史前学家。这意味着，史前学家的理论视野不能太窄，而应当利用他们自己能力以外领域的成果来应付这些问题。

地质学证据

71　　与埃及史前史阐释相关的一个最重要领域是第四纪地质学。地质学家的成果对于评估许多有关尼罗河河谷原来的性质以及地区气候的相互对立的观点至关重要，每种观点都会不同程度地影响到我们对前王朝时期埃及历史过程的了解。

　　许多埃及学家受希罗多德（Herodotus）的说法影响很大——他认为埃及原是被尼罗河的淤泥填满的海洋的一部分，并对埃及人墓葬里经常描绘的沼泽以及世界如何在远古水面上升起的一座沙山上形成埃及的故事感到印象深刻。他们相信，这些故事保存了关于尼罗河河谷曾经遍布沼泽、不宜定居时代的记忆。最初，人类仅仅沿河谷的边缘而居，将他们的营地驻扎在峭壁下或岩岬上。只是当高地变成了沙漠，人类才被迫栖居在这种类似丛林的环境里，并开始了漫长而艰难的清理森林过程。齐格弗里德·帕萨尔格（Siegfried Passarge）和卡尔·巴策（Karl Butzer）都从一种地理学观点研究了这个问题，并得出这样的结论，即河谷地形决定了，除了北部三角洲，沼泽总是景观里微不足道的特征（Passarge 1940；Butzer 1959）。大部分平原由季节性洪积盆地组成，在旱季生长着草类和灌木植被。沿河较高的河堤处覆盖着诸如金合欢、柽柳和悬铃木的树林，还有一些全年生长的耐旱树种。认为人类因附近草原条件恶化而被迫栖居到尼罗河河谷的看法为这样的证据所否定，即埃及的新石器时代与北非一段雨量增加的时期相当，它一般被称为"新石器潮湿期"，这段时间撒哈拉地区要比今天更加宜居①。

尽管帕萨尔格和巴策的观点总体上被作为开罗以南尼罗河河谷的情况被接受，但是对于三角洲的性质仍然存在很大的争议。人们一度认为，三角洲曾经在历史时期由于河流冲积物的堆积而迅速朝海延伸。最近，地质学家罗德·费尔布里奇（Rhodes Fairbridge）认为，海平面周期性的小幅度变化会迫使人口从位置较低的地区离开（Arkell and Ucko 1965：159）。另一方面，巴策声称，历史时期的三角洲并未向海扩张，前王朝时期该地区的具体情况与今天并无不同（Butzer 1959）。

关于三角洲的推测在有关上下埃及前王朝时期文化的相对重要性的讨论中起着重要的作用。有些权威人士认为，三角洲南部大片地势较高的地方点缀着与"法尤姆和西南亚邻近地区"相似的农业村落（Hayes 1965：103）。其他人则认为，居住在三角洲的埃及人是生活在密集村落里的定居农民，而上埃及则主要是流动人群（Edwards 1964：34）。赫尔曼·容克甚至提出，如在迈里姆达和欧迈里所见的聚落内墓葬就是定居生活的特点，而像上埃及流行的聚落外墓葬是流动人群的特点（Hayes 1965：112）。当

72

① 对后更新世时期气候极长时段波动理论的一种有帮助的（但仍不能确定的）挑战，参见：Robert Raikes, *Water*, *Weather and Prehistory*. London：John Baker, 1967。

然，后面一种说法从民族志而言是没有根据的。还有其他埃及学家声称，埃及文明是在下埃及发展起来的，然后从那里传播开来。支持这些说法的主要理由是，三角洲更加靠近西南亚，有大片肥沃的土壤（如希罗多德所言，三角洲是世界上最容易耕耘的土地），而各种埃及神话也说，最早的埃及王国是在下埃及演进的。

这类理论的反对者声称，三角洲要么在水下，要么过于潮湿而无法居住，这种看法是站不住脚的。如果三角洲的大部分地区都是这样的情况，那么埃及北部的文化很可能是边缘化的、微不足道的。比如鲍姆加尔特声称，三角洲在王朝时期之前不适合人类栖居。双方学者通常满足于引用地质学的说法来证明他们自己对埃及史前史的先入之见，并未设法以一种客观的方式来评估各种说法。然而明显的是，正确处理这些问题需要史前学家仔细观察对立的说法，以便判断它们对自己的有利之处。在我看来，巴策主要根据钻孔获得的土壤样本研究而对三角洲所下的结论，要比费尔布里奇的说法更加可信，后者是一种基于全球范围内气候和海平面的假设性重建。因此，看来地质学对于解决上下埃及在前王朝时期的文化关系并无扭转乾坤之力。

另一个需要从地质学观点来加以观察的问题是，缺乏旧石器时代晚期与法尤姆 A 文化及拜达里文化之间的遗址报告。仅发现几处营地遗址年代属于这一时期，而开罗附近赫勒万（Helwan）出土了据说与巴勒斯坦纳图夫（Natufian）文化有关联的各种石器工具。因此，我们必须询问，这一明显的空白是由于考古学的某种缺陷，如以前对不含陶器的遗址关心不够，还是由于某种地质学原因使得这一时期的遗址特别难找。

　　看来在整个历史时期，大部分聚落建立在洪积平原上，而在上
埃及，至少墓地常常是位于农田边缘外的沙漠里。结果，除了那些
地势较高或营建的遗址，如位于较早村落垃圾堆积而成的土丘上的
康翁波（Kom Ombo）镇，大部分居址要么早就被埋在较为晚近的
淤泥之下，要么由于河流改道而被侵蚀殆尽。这解释了上埃及前王
朝居址与墓地的低比例。巴策也认为，在公元前8000年到公元前　73
5000年之间，尼罗河洪水比现在要低，而河谷也较窄（Butzer
1960）。因此，甚至当时位于洪水淹没土地边缘的墓地现在也被后
来的冲积物掩埋了。同样，有证据表明，许多埃及中部（至今常常
被认为在前王朝时期无人居住）的前王朝遗址，要么被河流改道摧
毁，要么被掩埋在后来的沉积中。这表明，不同时期已知遗址的分
布就其历史意义而言，并不像它们看上去那么重要。比如，拜达里文
化很可能在上埃及大部分地区都有分布，而阿姆拉文化向北扩张很可
能和格尔塞文化几乎一样远。上埃及最富庶和文化最先进的社区很可
能建造在沿河岸现已被埋的河堤上，因此我们仍然对其一无所知。

语　　言

　　有关前王朝埃及历史的另一个争议仍然很大的问题是语言。
古埃及语与闪米特语（Semitic）之间在语法、词汇①和音系②上的

---

　　①　词汇（lexicon）：某语言所有的词素和词组。
　　②　音系（phonology）：某语言的发音系统。

许多相似性非常明显，以至于有人一直声称，埃及语要么是因变化而变得模糊的一种闪米特语，要么是前王朝时期一种非洲语和一种闪米特语混合而产生的一种克里奥尔（creole）语①。这种非洲语有时被鉴定为含米特语（有时被认为与闪米特语有远亲关系，但是有时不被认为如此），有时被看作一种"尼格罗语"（Lambdin 1961：289-290）。当然，这种克里奥尔化理论源自并转而被用来支持以下理论：在史前期有多次从西南亚向埃及的迁徙，这些迁徙导致了族群和文化的变迁。

埃及语借鉴了闪米特语这一点在历史时期已得到很好的证明，吉斯（Kees）等人在他们的结论中充分地指出，闪米特语在前王朝时期后段对埃及语产生了重大影响（这与考古学证据中艺术和物质文化方面受到西亚的强烈影响相合）。但是，并没有证据证明古埃及语有"非洲根基"，这意味着可以证明，在埃及语中发现的与闪米特语的所有相似性是叠加到一种可辨的、估计是一种本地的非洲语之上的借鉴。相反，格林伯格指出，尽管古埃及语借鉴了闪米特语，但是这两种语言之间的许多共性是来自同一渊源的传承，并表明两者来自一个共同的祖先（Greenberg 1955：43-61）。格林伯格声称，闪米特语和古埃及语，再加上北非的其他三个语系——阿比西尼亚（Abyssinia）和尼罗河东部的库希特语（Kushitic）、撒哈拉西部所见的柏柏尔语和乍得语（Chadic），形

_74_

---

　　① 克里奥尔化（creolization）：一种混合语的形成，它是两类讲对方无法理解的语言的人群在很长时间内的亲密接触过程中发展而成的。

成了亚非（Afroasiatic）① 语系的五个匹配分支。这个语系所有语言的基本相似性源自它们同一语言群的起源。格林伯格（个人通信）有一个总体的印象，认为古王国埃及语和阿卡德语（一种大体同时期的闪米特语）看来要比今天罗马尼亚语和葡萄牙语之间的关系稍远一点。这表明，在公元前 6000 年到公元前 5500 年这段时间是亚非语言最初分化的时期。柏柏尔语和乍得语很可能在后来的新石器潮湿期扩散到了撒哈拉西部。有人提出，库希特语之间的许多差异偏向支持苏丹东部是该语系的一个起源地（Lewis，n. d.），但是，由于亚非语系的两个主要分支见于尼罗河河谷的两侧，所以埃及本身也是一个可能的选项。

无论如何，看来十分可能的是，上下埃及的前王朝文化已经与一批讲埃及语的人群相伴，后来闪米特语的借鉴来自密切相关的一个语言群。因为埃及语和闪米特语之间的许多相似性是同源的，所以这种借鉴不像我们想象的那么令人惊讶，而它们肯定不能被理所当然地看作语言同化或大批人群混合的证据。就假设的非亚非语的"非洲根基"而言，并没有什么根据。

---

①　闪米特语/含米特语：闪米特语是指西南亚历史时期初所见的一组历史上相关的语言。阿拉伯语和希伯来语是属于该语系的现代语言。含米特语被用来指北非的各种语言，它们显示了与闪米特语较远的关系。格林伯格提出了一种较为精致的分类，根据此分类，库希特语、古埃及语、柏柏尔语、乍得语和闪米特语被视为来自一种原始亚非语的五支相等的分支。

口述传统

　　历史信息的第三个来源是埃及神话。德国埃及学家库特·泽特（Kurt Sethe）将埃及神话中神祇荷鲁斯与赛特（Sthe）之间的斗争说成反映了史前期下埃及对上埃及的征服。这次征服据说是由奥西里斯发动的，他后来成了三角洲布希里斯（Busiris）镇的神祇。后来，赛特麾下的一次上埃及叛乱，被三角洲西部以主神荷鲁斯为首的下埃及粉碎，并在其赫利奥波里斯（Heliopolis）的首都成立了第二个北部王国（Griffiths 1960：145 - 146）。对荷鲁斯和奥西里斯这个神话的历史解释，对史前期北部王国的文化提出了许多猜测。爱德华·迈尔（Eduard Meyer）将公元前 4236 年根据天狼星升起发明的埃及历法归因于它（Kees 1961：43）。该历法现在一般被认为要晚一个周期，大概在第三王朝开始的时候。也有人声称，泽特的理论得到了巴勒莫石碑（Palermo Stone）的支持，这是第五王朝时期编纂的埃及国王的逐年记录。在此，有些前王朝国王被画成戴着三角洲的红色王冠，也许还有上下埃及统一的王冠。被记录下来的仅仅是这些国王的名字，并没有他们在第五王朝的活动信息。有人认为，这些人物代表了神话里的半神，被认为在神祇和第一位人君之间统治着埃及。这些人物反映了埃及人的历史观和宇宙观，他们的名字很可能没有什么历史意义。

　　对这些神话，不是只有一种，而是有许多种不同的历史解释。

吉斯和西格弗里德·肖特（Siegfried Schott）声称，自荷鲁斯和赛特在上埃及的前王朝时期得到证明之后，他们之间的斗争便被指认为发生在北部征服之前的上埃及的一次政治危机。鲍姆加特尔甚至认为，该故事是指奉祀赛特神的阿姆拉镇被奉祀荷鲁斯王的格尔塞人群征服（Griffiths 1960：131-134）。据说在第二王朝也发生过一次斗争，当时一系列带有荷鲁斯传统名头的国王被一位以赛特神为名义的国王中断（Griffiths 1960：138-139）。值得指出的是，与后一说法有关的历史事件仍然极不清楚。

其他学者，特别是亨利·法兰克福，拒绝了对这些神话的一种历史解释（Henri Frankfort 1948：15-23）。法兰克福声称，无论是上下埃及两个王国的观点，还是荷鲁斯与赛特之间斗争的观点，都反映了埃及人的一种思维方式，即将整体看作由平衡的两个对立面构成。当他们将埃及形容为两个王国，早期的统治者就设法为他们的政府提供了宗教上的许可，这就在政府与埃及人民的宇宙观之间建立了一种统一。将国王等同于荷鲁斯和赛特，即持久冲突的象征，他们只不过是为作为全埃及之王的君主角色提供了一种神授的许可。

如果法兰克福的说法是对的，那么北部王国作为南部王国征服了的一个对手的看法就可能是在整个国家征服之后，而非之前产生的。在前王朝时期，埃及可能由一系列而非两个小型国家组成，它们是被早王朝国王零零星星征服的。就如我们所知，没有什么考古学证据能够为前王朝时期三角洲的政治情况提供看法。上埃及出土的一件阿姆拉陶片上发现了下埃及红色王冠的表现，被用来说明下埃及前王朝时期确实存在过一个王国，尽管该王国的范围仍然存疑。但有可能的是，在王朝时期之前，这种王冠是女神奈斯（Neith）而非王权的象征。吉斯认为在三角洲地区生活着好几个不同的族群，因为看来只有三角洲西北部的族群有别于上埃及（他相信，前王朝时期晚段上埃及调色板上的图像表明了该地区的一种很强的利比亚成分），单凭它就能指认，埃及人是何时谈及下埃及征服的。

76　　显然，不管这些古埃及神话起源的真实性如何，我们都只能根据已知的有关该时期的历史事件以及古埃及人的神话创作过程来解释它们。它们本身不能作为推断历史事件的依据。明显的是，大部分古埃及的祭祀活动是在前王朝时期起源的。丧葬复杂仪式的发展和可能的动物崇拜可以追溯到拜达里文化，而各种历史神祇或它们的象征看来在阿姆拉文化中已经存在。对这些证据的系统研究最早能够为前王朝时期埃及宗教的性质提供某些洞见，而且也许可以让我们以较为准确的方式评估这些神话的意识形态背景。更多的考古学证据能够让我们更好地了解它们的历史背景。但是，在有这些证据之前，为历史的目的来利用这些神话只会混淆主要议题。

体质人类学

　　第四个辅助信息来源是体质人类学。就如有些语文学家试图在埃及语中看到一种"非洲根基"，有些体质人类学家试图证明埃及最初的前王朝人群是尼格罗人，并把任何类高加索人种的因素看作后来含米特-闪米特类型迁移到埃及的证据。屡见不鲜的是，一直有一种倾向将埃及文化的发展归咎于后者类型人群的反复入侵。另一方面，巴特拉维（Batrawi）通过对骨骼证据的仔细研究指出，上埃及整个前王朝或王朝时期，体质类型几乎没有什么变化（Batrawi 1945-1946）。虽然在该人口内存在某些差异，但是上埃及大多数人群体型较小、头型窄长、头发黑卷，皮肤为棕色。体质类型的连续性并不能提供迁移和基因流动的证据。虽然它不排除这样的可能性，即相似体质类型的新群体不时会进入这个国家。

最近利用体质人类学证据提出迁移论的是埃默里（Emery），他采纳 D. E. 德里（D. E. Derry）的"王朝人种"理论作为早王朝文明是由一批"文明化贵族或主导人种（master race）"引入埃及的证据，埃默里认为该人种可能起源于印度洋一带，也为苏美尔文明奠定了基础（Emery 1961：39-40）。I. E. S. 爱德华兹（I. E. S. Edwards）较为谨慎地指出，至少"他们带来的新知识"可以解释"这一时期可见的文化进步之加速"（Edwards 1964：35-36）。根据德里的分析（Derry 1956），大约在第一王朝之初，有一批体质结实、中头型的人群进入埃及。他认为，他们来自亚洲，可能是该地区的阿姆拉体质类型。大约在第一王朝末期，他们向南进入了阿拜多斯，并逐渐与当地人群混合。

这一证据必须非常仔细地加以对待。三角洲人群一直经常与西南亚接触，结果这些人群与东部人群的相似性要多于上埃及人群与东部人群的相似性。迈里姆达、欧迈里和马阿迪出土的人骨架表明，三角洲的前王朝居民要比上埃及的人群更高和更强壮，*77*

他们的头骨比较宽。这些人群看来类似于德里的"王朝人种",可能是其祖先。他们也认为,似阿姆拉类型的个体在叙利亚和黎巴嫩很常见,他们进入三角洲地区,并与当地人群杂交要远早于第一王朝的开始。迄今为止,没有发现入侵遗址或迁移路线的证据来证明这些人群在前王朝时期大规模迁移进入埃及。只有当这些证据显现,我们才能有把握地推测,在前王朝时期晚段有什么样的基因流动与文化发展相伴。要进一步将早王朝文化或更早的文化归于一种"主导人种"的出现,已经超越了科学推测所允许的所有限度。

迁移与传播

对早王朝埃及文化发展的大部分早期解释都是基于两个密切相关的前提:(1)文化变迁是因为新人群的出现,他们与当地人群混合,并将其文化传给了当地人群;(2)文化的进步是文化上落后(常常也是种族上落后)人群被更为进步人群征服的结果。

虽然下埃及对于推测埃及整体的发展是一个重要的部分,但是证据的缺乏限制了对这一地区文化意义的推测。人们注意到了与各相邻地区的关系。箭镞和石头建筑与撒哈拉西部所见的类似,动物、陶器、镰刀和渔叉看来是西南亚起源的。但是,除了来自马阿迪的贸易品外,大部分这些所谓的文化联系仍显不足。与上埃及的相似性很常见,甚至在更早的时候,上埃及的影响随着历史时期的来临而日增。虽然阿克尔和鲍姆加特尔提出了与苏丹的

许多联系，但是这些证据是非常一般的，结果是高度不确定的
（Hayes 1965：135-136）。尽管有这些遥远的联系，但是一般公
认下埃及具有本地独有的特色。

　　还有一个问题是：上下埃及之间物质文化的差异有多少体现
了文化其他方面的差别？西里尔·奥尔雷德（Cyril Aldred）声
称，夸大这两个地区之间的文化差异是错误的（Aldred 1965：
41）。两地看来讲同一种语言，并在前王朝时期具有许多相同的宗
教信仰，而这种思想和情感的同一性说明了为何整个国家一旦统
一后能够发展得如此之快。从格尔塞时期以降，上埃及能够对整
个国家施加巨大的文化影响，这表明三角洲在文化上和政治上都
比南部弱，而吉斯声称，甚至在历史时期这里也被认为是一个殖
民地区（Kees 1961：33-34）。但是，所有已知的遗址都在边缘
地区，而文化上较为进步的遗址很可能在三角洲内部，如历史时
期的城镇塔尼斯（Tanis）、布巴斯蒂斯（Bubastis）和门德斯
（Mendes）。某些历史建筑样式和祭祀式样在何种程度上被认为是
真正下埃及起源的，还有多少下埃及的文化为埃及文化发展的主
流做出了贡献，仍然是一个猜测的问题。幸运的是，因为埃及统
一是由来自上埃及的一位国王做到的，而埃及王朝时期的国家文
化看来大体上是格尔塞文化的持续与发展，所以上埃及的序列在
许多方面能够被作为埃及文化史前基础的代表来对待。

　　在1939年写的一篇综述里，弗林德斯·皮特里提供了一个埃
及史前史的概览，其中迁移论模型被发挥到极致。根据皮特里的
看法，法尤姆文化代表了来自高加索的一次梭鲁特人的迁移，那
里也是拜达里人群的故土。阿姆拉的白线陶是由"利比亚入侵者"

78

引入的，而格尔塞文化是由入侵和主宰埃及的"东部沙漠人群"带来的。最后，埃及是被"隼族"或"王朝人种"统一的，他们"肯定起源于伊拉姆（Elam）"（在波斯），是通过埃塞俄比亚和红海来到埃及的。在各种情况里，皮特里的说法都是基于埃及文化中论及的少数特征与埃及以外某些文化特征之间相当薄弱的联系，同时漠视整个文化形态。根据某些石器加工传统的一般共性，法尤姆文化和拜达里文化与梭鲁特文化有联系（这是西欧的一种文化，在高加索一无所知）。皮特里无视这样的事实，即最晚的梭鲁特文化与他所讨论的埃及文化相隔达一万多年。因为对利比亚考古学一无所知，所以他有关阿姆拉陶器的起源的结论纯粹是无稽之谈，而他有关格尔塞文化和"王朝人种"的证据同样也是极不可靠的。

初看起来，皮特里的结论是始料未及的，因为他所开发与用于阿姆拉文化和格尔塞文化的所有序列断代原则都建立在一个文化连续性的设想之上，只能分析逐渐的形制变化，而且他的陶片排列结果清楚地证明了能将这些时期联系在一起的形状、设计、质地和装饰母题的许多连续性。没有任何证据表明，上埃及的前王朝文化之间有明显的断裂，也未见某文化开始时所见的创新有超越将其与先前文化联系起来的许多连续性。如果皮特里不是从人口迁移引起文化变迁的模型来考虑问题的话，那么他可能会毫无困难地把上埃及前王朝时期的文化发展解释为一贯的持续过程，而将那些怀疑是外来的发现置于一种牢固确立但是动态的连续性中。只是因为他从当时最流行的模型来思考问题，即将所有文化变迁都归因于人群移动，所以他将一个阶段向下一个阶段过渡的那些特征说成当地人群的延续，而将新的特征说成来自新人群思想引入而与之混合或统治了当地人群的结果。在各种情况下，他都可能认为两批人群混合得很快，所以新来的人群在其独立性上并没有留下什么痕迹。

　　埃及史前学的这种独特方法（虽然并不像皮特里所说的那样细致）到现在仍有影响。亨利·法兰克福和海伦·坎特是这种方法的主要反对者，他们强调埃及史前史的连续性而非不连续性。我们逐个阶段地概括当下迁移论的某些方面，并设法对它们进行评估。

　　最近有许多学者一直关注拜达里文化的起源。因为上埃及缺乏拜达里之前文化的考古学证据，其他地方也对拜达里文化或似拜达里文化一无所知，所以这个问题完全是猜测性的。不过，当安东尼·阿克尔在苏丹发现了含梳纹陶、刻戳纹陶和印纹陶的一系列文化时，对这个问题的兴趣重新被点燃了。在苏丹一个现称作喀土穆新石器文化中，他发现了口部饰有黑边的棕色陶器，阿克尔认为，它有可能模仿了把葫芦烧出豁口制作的一种杯子。阿克尔认为，陶器只被发明过一次，并声称因为最早的苏丹陶器要比埃及的陶器更为简单，所以它可能更古老（Arkell and Ucko 1965：149-150）。他还声称，拜达里的黑顶陶和波纹陶可能是从该文化起源的。鲍姆加特尔追随阿克尔的想法认为（Baumgactel 1965：11），拜达里文化起源于南部，这是一个较易令人接受的结论，因为它符合一般的看法，即埃及文化的根基在某些尚未发现的非洲文化中，尽管阿姆拉时期和格尔塞时期的文化发展是来自西南亚影响的结果。

79

陶器类型的少数相似之处成为两个文化之间传承关系靠不住的证据。当喀土穆和上埃及之间的整个地区实际上并没有考古材料，而且当苏丹的文化年表还未完善到足以与上埃及的年表进行对照，从而使得喀土穆新石器（或称萨黑纳布［Shaheinab］）文化能够准确断代之时，这个问题很难解决，但猜测的机会大大增加。阿克尔估算它属于约公元前3900年，大体因为他认为它早于拜达里。但是，该遗址的两个碳14测年数据接近公元前3100年和公元前3500年，大体和格尔塞文化获得的测年结果相同。喀土穆新石器文化与格尔塞文化之间的共时性得到了某些密切共性如刻戳纹黑陶的支持，还有就是这样的事实，就像在喀土穆新石器文化中一样，图克（Tukh）的格尔塞遗址中见有矮山羊，那是所知的苏丹地区、最早的家养动物。也有证据表明，萨黑纳布的喀土穆新石器遗址在降雨量减少的一段时期里有人居住，很可能在新石器潮湿期高峰之后（Trigger 1965：58-59）。尽管这些说法中没有一种足以为喀土穆新石器文化确认一个格尔塞的年代（a Gerzean date），但是它们表明这样一个年代是可能的。这些说法进而认为，萨黑纳布文化和拜达里文化共有的特征可能是从北向南移动的。简言之，没有可靠证据证明拜达里文化的南部起源，或者其重要特征能够确定源自南部。

80

布伦顿（Brunton）相信，在拜达里文化之末和阿姆拉文化之初很可能有某些文化的中断，因为拜达里墓葬和前王朝后期墓葬位于不同的地点。但是，这个观察看来只不过是他观察的拜达里遗址样本较少的结果，而格特鲁德·卡顿-汤普森（Gertrude Caton-Thompson）、O. H. 迈尔斯（O. H. Myers）和其他人认为，在两个文化之间有相当大的"重叠"（也即连续性）（Baumgartel 1965：14）。现在很少有人声称，需要有大量人群的迁移来解释阿姆拉文化的发展，也没有人会把穆里的理论（Murray 1951：3）当真，即同时存在当地的和入侵的两个人种。这是根据以下事实认为的，即某些阿姆拉人像显示有些人"高挑、苗条，通常裸体"，而其他人则是矮的，并常常有尖的胡须。阿姆拉文化与巴勒斯坦迦苏勒文化之间的文化关系可以说明象牙加工之间的相似性，而佩罗特声称，上埃及和巴勒斯坦之间在这一时期及更早时期似乎有某种相互联系。但是坎特指出，由于不确定的相似性以及缺乏任何更加确凿的接触证据，所以需要对这样的说法持谨慎态度。鲍姆加特尔曾认为，阿姆拉文化的白色十字纹陶器很可能受到了苏萨（Susa）Ⅰ期彩陶的启发，并与美索不达米亚和伊朗的一些文化同时。但是，阿姆拉这类陶器的设计看来主要是埃及起源的，而与亚洲陶器的特别相似性（鲍姆加特尔将之理解为一种历史联系的证据）实际上非常一般，因此没有什么学者认可他的说法。三角洲缺乏彩陶看来对阿姆拉彩陶的亚洲起源特别致命。

尽管拜达里文化和阿姆拉文化中缺乏西南亚影响的证据，但是这种影响的可能性并不遥远。三角洲文化和西南亚文化之间的某些一般相似性，表明了巴勒斯坦与尼罗河河谷之间可能的文化联系。而且，两个地区之间的距离并不遥远，而在新石器潮湿期穿越西奈半岛可能要比今天来得容易。以后某天也许会发现贸易品，以及埃及文化和巴勒斯坦文化之间的密切共性，那就能证明这种联系。一旦做到这一点，我们就能更好地评估更加遥远的共性，比如阿姆拉石头器皿与美索不达米亚石头器皿之间的相似性究竟是源自历史关系，抑或不过是平行发展的结果。开罗和巴格达之间的距离不到 800 英里，即使人们必须穿越叙利亚以避开阿拉伯沙漠，这点距离也不大可能阻碍埃及人和美索不达米亚人之间的接触。

格尔塞时期日益增多的外界接触证据有助于刺激这样的想法，即在这个时期或整个时期有大量外来者进入。穆里认为，权杖赋予了入侵者凌驾于阿姆拉人之上的优势，这使得格尔塞人群能够征服和统治上埃及（Murray 1951：5 - 6）。鲍姆加特尔写道，一批急切想要发展和扩张的外来人群起初很可能是作为贸易者来到这里的，后来受富庶尼罗河河谷的诱惑决定定居下来（Baumgartel 1965：2）。比较奇怪的是（考虑到她对三角洲生态的看法），她认为，这些人群很可能在征服上埃及之前先在北部定居下来。坎特指出，在格尔塞早期（序列 50 - 65），那里和境外地区有日增的直接接触，因为这时候进口的陶器和其他物品很常见（Kantor 1965：7）。较早的影响包括横柄的陶罐、有柄的彩陶，以及带斜嘴的容器。这些材料中，第一种看来是巴勒斯坦的，后两种是叙利亚的，最终是美索不达米亚起源的。一旦被埃及人采纳，这些器皿便沿着与巴勒斯坦祖型不同的方向发展（Vandier 1952：31 - 32）。在格尔塞晚期，波形柄器皿变得细长，该柄起初具有功能性，但后来退化成一种残留的荷叶边装饰。奇怪的是，这些较晚的陶器常常饰有红色的网状图案，看来起源于巴勒斯坦青铜时代初 I 期，要比原来波形柄陶器传入埃及的时间晚。坎特认为，这些影响看来表明了"比较强烈的外来影响，虽然可能并非大规模的外来移民"（Kantor 1965：8），她的解释与第四章提出的解释原则一致。阿克尔和乌科同意："当时没有任何入侵和因亚洲人群入侵尼罗河而完全打断阿姆拉文化的证据"（Arkell and Ucko 1965：153）。

有许多物品表明了格尔塞晚期埃及与美索不达米亚之间的直接或间接接触。埃及发现的三件陶罐和四件柱形印章看来确实是在美索不达米亚制作的。此外，这个时期的埃及艺术家采纳的许多艺术母题看来源自美索不达米亚。这些内容包括高船头船只、互缠的蛇、蛇颈黑豹、一个人制服两头野兽（有时叫作吉尔伽美什［Gilgamesh］或英雄主题）、一种平翼的狮身鹰头像，还有某些人像上绘制的头饰和长袍（Frankfort 1956：121 - 137）。坎特认为，这些材料表明了格尔塞晚期与美索不达米亚原文字（Protoliterate）B 晚期和原文字 C 初期之间时间上的密切关联（Kantor 1965：10 - 11）。这也表明，美索不达米亚文化物品的传播发生在相对比较短暂的时段中，而且可能很直接。

一个主要问题是这些特征传播的可能路线。一条可能是通过叙利亚和穿过西奈半岛，另一条可能是取道红海和沿哈玛玛特干谷（Wadi Hammamat）到上埃及。后一理论部分是推测，并得到了一些发现的支持，如沿东部沙漠的岩画上有高船头船只的母题，特别是沿哈玛玛特干谷。对温克勒（Winkler）和其他人来说，这些船看来代表了外来特征及其人群此时进入埃及的路线。但据我们所知，埃及人很早就利用了这条路线。结果，不管这些特征是否外来，都无法证明它们不会反方向从尼罗河河谷传播而来。而且，船上的那些人常常在他们的头发上戴着羽毛，这看来是北非本地人的特征，极有可能是埃及人。这种船的母题在东部和西部

82

沙漠分布极广，看来具有一种宗教意义。阿克尔提出，众神与船相伴的思想根本上可能是美索不达米亚起源的（Arkell 1959：52 - 53）。也许它从西南亚一直传到北非的大部分地区。这个符号的传播很可能与家养的山羊和牛在新石器潮湿期传遍撒哈拉相伴。

坎特支持红海的路线，虽然是根据其他证据（Kantor 1965：11 - 14）。她指出，我们所考虑的美索不达米亚特征都见于上埃及，而巴勒斯坦的但并非美索不达米亚的特征在北部的马阿迪很常见。她还声称，与埃及相比，美索不达米亚特征在巴勒斯坦并不常见。原文字期的影响在阿穆克（Amuq）和奥伦特（Orontes）河谷北部特别强，而不是在叙利亚和巴勒斯坦等其他地方。正因如此，这就不可能论证这些特征是沿一条陆地路线传播的。最后，这些特征出土的格尔塞晚期背景与原文字 C 文化之间的密切关系表明了一种迅速的传播，看来是沿一条海上路线，而非沿一条较为脆弱的陆地路线。埃及船只的某些打扮极像美索不达米亚的船只，这也表明了一条海上路线（Kantor 1965：12）。

应该指出的是，对于海路而言，并没有比陆路更多的直接证据。此外，找到海路传播考古学证据的明显难度只是为赞成这种传播方法提供了尴尬的否定论据。在沿阿拉伯和红海海岸的探索提供前文字时期旅行者或中途站点的证据之前，红海路线都必须存疑。而且不无可能的是，上埃及发展中的王室宫廷对于美索不达米亚的贸易者甚至那里的工匠都是一个潜在的市场，尽管对巴勒斯坦的吸引力相对较小。三角洲很可能存在一个相似的宫廷，但马阿迪是一个边缘城镇，不大可能位列其中。于是，有可能因为社会和政治因素而非因为简单的地理因素，美索不达米亚的影

响只见于上埃及的一片有限的地区。努比亚在公元前 2000—前
1600 年也许见有一个类似的情况。那时候，北部几乎不见有埃及
的材料，那里是一片贫瘠的地区。但是再往南的科玛（Kerma）
附近，埃及人与努比亚的一个国王进行贸易，他看来控制了与南
部的贸易路线。在那里发现了大量埃及生产的物品，兼有纯埃及
的风格和适应当地品味的风格。无疑，这些是埃及人提供的与南
部进行交换的物品。虽然尚未得到证明，但有可能在前王朝时期，
产自上埃及沙漠里的黄金已经吸引了亚洲的贸易商。

　　可以想见，随着上埃及的国王变得更加强大，他们对奢侈品
的胃口也会大增，他们开始雇用国外的能工巧匠制作符合本地胃
口的东西。存在这些工匠，进而很可能会提升当地工人较高的绩
效标准。阿拉克山刀柄的一面显示了一幅肯定是美索不达米亚的
主宰两头动物的人像，曾被说成描绘了埃及人和外来入侵者之间
的一场战斗（Vandier 1952：533 - 539；也见下图 6 - 1）。尽管第
三帧的那艘船看来确实很像美索不达米亚称作贝莱姆斯（belems）
的船只，但是所有参战者（虽然有长发和短发之分）都穿相似的
服装，一个人看来像是埃及人。这件刀柄可能是美索不达米亚的
物件，或受到美索不达米亚启发的工匠的作品，他利用当地和外
来的母题表现某些纯粹的当地事件或祭祀。

　　格尔塞时期一度被形容为文化停滞的阶段。这种论点是，埃
及的统一以及后来早王朝文明的发展并非来自内部的发展，而是
源自更先进的新来人种的入侵。在关于埃及早王朝的最新著作中，
埃默里重复了这一说法（Emery 1961：38 - 42），将德里的体质人
类学研究与他自己含糊表述的观点结合起来，认为在格尔塞文化

与早王朝文化之间存在重要的不连续性。

图 6 - 1   阿拉克山刀柄

84   显然，这些"文化的不连续性"被过分地夸大了（Kantor in
Kraeling and Adams 1960：155 - 156）。格尔塞文化与早王朝文化
之间的差异看来主要是伴随埃及统一而发生的社会和文化日益复
杂化的产物。这个趋势持续了整个早王朝时期，并大约在 300 年
后以古王国的辉煌成就而达到高潮。在早王朝时期，有些特征持
续从西南亚传播而来，但是埃及文化有一种日增的趋势来开发自
己的风格，转化这些借鉴，使之完全变成埃及的风格。同样明显
的是，大部分早王朝文化中的独有特征都是王室宫廷文化的组成
部分，它是在新的中央政府资助下发展起来的。相比之下，农民
的物质文化与过去表现出很强的连续性（Emery 1961：111）。
        在统一阶段的艺术成就中有大量许愿①的调色板和石质权杖

① 许愿（votive）：有人认为，这些调色板是作为供奉庙宇而被特别制作的。虽
然它们有许多发现在庙宇的背景中，但是这个结论仍不确定。

头。从这些物品上描绘的场景里，我们能够看到在相对比较短的
时间里发展而成的埃及官方艺术原则。有一件所谓"蝎子"国王①
的权杖头上显示了一位身着盛装的统治者开凿一条灌渠。他的一
个助手拿着一只篮子为他搬运泥土。在据说是他的继任者纳尔迈
国王的调色板上，纳尔迈国王不再需要助手，而是一个人冷漠地
主持祭祀，或庄严地猛击他的对手，战胜被击败的敌人。在萨卡
拉（Sakkara）和阿拜多斯出土的一系列王家丧葬纪念物，看来是
源自纳尔迈国王统治期。这些纪念物包括墓葬和用泥砖砌筑的长
方形地面构造的享堂。在萨卡拉的这些纪念物上，用镶嵌泥砖装
饰门面，抹上泥灰并绘有类似悬毯的亮丽彩色图案。这些墓葬的
布局和外部壁龛很像美索不达米亚原文字时期庙宇的样子。但是，
在美索不达米亚，这些建筑的原型始于欧贝德（Ubaid）时期（约
公元前 4000 年），它们一直保持着该地区建筑传统经久不衰的一
部分。在埃及，镶嵌砖砌大约在统一时期开始，并在第二王朝消
失。有人声称，这种镶嵌是一种独立发展，因为这种砖墙在每种
细节上都不像美索不达米亚的同类。但大部分埃及学家同意，它
是美索不达米亚起源的。它始于采用表意文字来代表人们的名字，
但是复杂的铭刻很快出现了。尚不清楚埃及的书写系统是一种独

85

---

① 这位前王朝统治者的名字是用一只蝎子的象形文字书写的。该名字的埃及语
发音仍不清楚。本书写作时，埃里斯·鲍姆加特尔发表了一篇无定论的文章，对蝎子
国王的存在提出了挑战。她将该权杖头定在第一王朝，并认为蝎子符号代表了某神祇。
她也选择将权杖头上的场景说成显示了该国王为一座庙宇奠基。权杖头的下半部很难
看出有弯曲的河道，支持了她解释的后半部分。参见：Elise Baumgartel, "Scorpion
and Rosette and the Fragment of the Large Hierakonpolis Mace Head," *Zeitschrift für
Ägyptische Sprache und Altertumskunde*，Vol. 92（1966），9–14。

立发明，还是来自美索不达米亚的刺激传播（Pope 1966）。但是，如果是后者的话，那么看来是文字的想法传播开来，而不是任何具体的细节方面。尽管有可能是某种书写（而非任何特定的文字系统）的想法此时从美索不达米亚传播而来，但要证明它是极其困难的。

根据第四章提及的标准，下面我们可以得出对前王朝时期文化发展的一般性观察：

第一，上埃及的文化发展以自拜达里时期一直到历史时期的连续发展为特点。没有任何文化中断的证据可以表明一种人群被其他人群完全取代。

第二，前王朝时期的任何时候，都没有体质人类学特点改变的人口证据可以说明外来者大批和迅速地流入。这并不排除基因比较随意流动的可能性，也不确保未来在某些地区不会发现人口重要变化的证据。但是就目前而言，并无任何前王朝时期人群移动的体质人类学证据，更不要说有文化历史意义的证据了。也有可能但无法证明的是，至少自拜达里时期以降，大部分埃及人口讲的是埃及语。这个结论是根据这样的证据，即埃及语在公元前5500年是一种独立的语言，没有在尼罗河河谷外使用的证据，还有就是基于上埃及体质与文化连续性的有力证据。

第三，迄今为止，还没有发现可以归于移民进入埃及的入侵遗址。但是，这也许是因为所做的考古工作数量不够。缺乏这种证据，完全没有理由认为，所有发明是由已经与当地人群融合了的有组织的移民群体引入埃及文化的。所有"主导人种"或大规模有组织的移民群体抵达的征服理论并无根据。任何想要坚称这

种说法的人都需要找到入侵遗址，并指出这些外来者是如何及何
时进入埃及的，还有他们所携带的特征是如何成为埃及主流文化
的一个组成部分的。

　　第四，看来无法说明，进入埃及的发明在何种程度上纯粹是
特征传播的结果（可能主要来自贸易），而在何种程度上存在个别
外来者的聚落，他们带来了各种发明，并随身携带了新的技术。
重要的一点是，这时候是否有外来者定居在埃及，而进入埃及的
特征是否可从物质文化、信仰或者语言上见有文化发展的连续轨
迹。一个强调人群和传统的基本连续性，并伴有来自西南亚特征
传播的模型，看来最适合目前的证据。

　　第五，所有这些结论都是根据现有的证据，在积累更多的证
据后会得到优化和改善。对居住遗址的仔细发掘，也许可以解决
格尔塞时期埃及是否有伴随亚洲特征传播的一批外来定居者。甚
至也许能够发现有限的有组织迁移。但是，这种发现不大可能颠
覆现有族群和文化连续性的图像。

86

社会和政治的发展

　　在对文化发展的记录做了回顾之后，有必要从社会和政治的
角度来观察一下前王朝埃及，看看根据这一参照框架提出的序列
是否有道理。当我们准备这样做的时候，考古记录的缺陷就变得
越发明显。我们在三角洲和上埃及文化发展的相对状况没有解决
的争议上花了很大篇幅，提到了三角洲较为进步、不太进步或与

南部处于相同发展阶段等各种说法。只要有关三角洲之主要中心的史前史缺乏考古学证据，我们对埃及的了解就有巨大的空白。甚至在上埃及，那里的考古学证据较多，但仍有很好的理由怀疑来自墓地和沙漠边缘营地社会状态图像的可靠性。在主要遗址如耶拉孔布里斯的进一步工作，也许会令我们改变对前王朝早期文化的看法，即社会结构是简单和不分层的，以及当时的居址很小，农人生活在芦苇茅舍里。支持关于这些文化之当前看法的主要证据是，墓葬类型缺乏分化，并且没有明显的外界接触。

　　一直有这样的说法，即在前王朝时期之初，每个村落是自治的，有一个首领，他的权力建立在作为一名"祈雨者-国王"的声誉之上（Frankfort 1948：18，33-35）。祈雨者见于诸如丁卡人、琼古人（Chungu）和朱昆人（Jukun）等近代非洲部落中。在有些部落中，在魔法被认为开始失效时，他们会被杀掉。将非洲现代习俗与古埃及风俗进行类比的有效性，大体立足于无法证明的假设，即前王朝的实践传播到尼罗河上游，并在那里一直留存到今天，或者埃及文化和尼罗河文化源自一个共同的文化根基（Seligman and Murray 1911；Blackman 1916）。顺便提一下，采用"祈雨者"一词似乎有违常理，因为埃及在前王朝时期的降雨要比今天丰沛得多，祈雨对于埃及人来说不会那么重要。大多数采用这个术语的人可能很快会说，这些首领被认为能预测尼罗河洪水的来临，河谷的繁盛有赖于它。

　　这个看法的基础是古埃及的一种仪式，在历史时期某国王健在的统治期间举行庆祝，法老会象征性地死亡和重生。塞德（Sed）节常常被埃及学家说成一种比较晚近的仪式版本，它在前王朝时期包括将酋长献祭。读过塞利格曼（Seligman）对苏丹民族志的解读的人，会将这个仪式与报道的希卢克人和其他人群中祭祀性弑君做比较。实际上，并没有直接的证据说明前王朝时期的酋长以这种方式被杀掉，或者他们是祈雨者或其他类型的巫师。有两座格尔塞墓葬被比较牵强地说成巫觋之墓，并且看来是女性的（Baumgartel 1965：34）。

　　与前几个时期相比，格尔塞时期是技术发展迅速、与外界接触频繁、社会差异加剧、国家权力和组织日益强化的时期。帖赫努（Tjehnu）调色板上描绘的场景表明（如果解释正确的话），当地酋长（还不太清楚）设防的乡镇和堡垒在这一时期十分流行，还有许多其他图像表现存在频繁的战争。看来，一些国家出现后马上开始彼此争斗。关于到底有多少国家，以及它们的冲突历史，仍知之甚少。它们发生的原因也不清楚，但很可能部分是对生业经济发展的一种反应，部分也是对与西南亚进行贸易和接触的一种反应。因为当时埃及与西南亚相比文化比较落后，于是这种接触很可能影响巨大。尽管这些因素有助于解释产生的政治发展，但是它们并未解释埃及政治权力的集中为何如此之快，而不是见于各城市国家的网络的各个节点上。这和西南亚所知的情况也差异甚大，它可能是文化的迅速发展（包括某些外来的刺激）所致，使得在较早的部落或村落系统产生出较强的地方机构和忠诚度之前，就已经形成了一个大型的征服型国家。在埃及国家和较为晚近的征服型国家如祖鲁王国的发展之间有许多结构上的相似之处。

　　为什么一个南部国家很可能成为统一整个埃及的国家，这也是一个问题。如果坎特的红海理论成立，那么与美索不达米亚直接接触所得到的文化优势就会提供部分的解释。南部本地就可获得黄金也许还有铜的供应，这很可能是另一个原因。而鲍姆加特尔强调了这样的事实，即纳格达镇的古名叫努伯特（Nubet），其意思就是"黄金之镇"（Baumgartel 1965：20）。

也许更加重要的是，在中王国和新王国之初两次重新统一埃及的统治者也来自上埃及。南部的统治者看来能够从努比亚人和贝雅人中招募好的弓箭手，能够通过尼罗河河谷向北推进，每次解决一个对手，直到他们能够主导三角洲。另一方面，三角洲的统治者每次必须与好几个邻居斗争。于是，地理上的考虑很可能使得在建立一个王国时，南部与埃及中部或三角洲相比是一片更有利的地区。老的理论说，王权是基于需要一个集权政府来管理越来越多的人口对灌溉和排水工作的依赖，这已经站不住脚。蝎王的权杖头显示他在挖一条灌渠，后来传说这是埃及第一个国王美尼斯（Menes），他造了一座水坝来保护孟菲斯（Memphis）免受洪水之灾，但是没有证据表明法老时代的中央政府直接关注局地的灌溉工程（R. M. Adams 1960a：280 - 286）。尼姆斯（Nims）指出，尼罗河流域采用的盆地灌溉一直到很晚时期仍不依赖完善的中央控制（Nims 1965：34）。埃及国王确实组织劳役从事大型的建设项目，还有仔细估算土地以便征税。但是，这些活动是王权发展的结果而非原因。

埃及统一时有关某些特定历史事件的推测是基于装饰精美的调色板和权杖头，它们是在格尔塞时期之末和第一王朝开始时制作的。有些较晚的调色板上带有纳尔迈国王以及设想的"蝎子"国王的名字。纳尔迈可以被肯定地证明是上下埃及的一位国王，但据说是他前任的"蝎子"，看来是上埃及的一位国王，除非阿克尔的说法（Arkell 1963）是对的，他在一块损坏严重的权杖头上读出了他的名字，显示有一位戴着下埃及红色王冠的国王。与这两位国王相伴的场景，显示他们战胜了各自的敌人，举行庆祝仪式，并开凿灌渠。

其他调色板描绘狩猎、战斗场景和动物，但是并没有国王相伴。这些调色板被认为早在王权形成之前，或在用象形文字写出名字之前。所谓"猎人的调色板"，上面的猎人和猎物被不对称地安排，被认为纯粹是一种早期风格。这些调色板都不是发现在令人满意的地层学背景中，因此提出的年代序列是根据它们形制的标准，故而很不肯定。这就直接削弱了这些器物的历史价值。

一般认为，描绘人群或战斗的场景是庆祝特定的历史事件，并且这些调色板能被作为历史文献来解释。诚然，虽然某些描绘的事件含糊不清，但要强调的是，比如纳尔迈调色板显示了国王猛击一个来自沼泽地的敌人，是纪念对三角洲的征服。同一调色板上显示该国王是一位斗牛士，看似一个亚洲人，这就提出了这样的问题：该调色板是纪念任何特定的事件，还是仅仅在宣扬王权？

对较早调色板的解释呈现的问题更大。破碎的"利比亚调色板"表现了一种场景（图6-2），描绘了各种鸟兽从一些坚固的方墙上逃散。对于这些墙是不是城堡或镇，以及它们是否代表特定的地点或是不同地区的象征，仍有争议。同样不清楚的是，它们是否代表许多不同的地方，抑或都指同一个地方，如北部城市布托（Buto）。还不清楚的是，这些攻城人物代表了氏族或地区的联盟、襄助国王取胜的各路神祇，抑或它们都象征性地代表着国王。显然，如果专家们对类似这些基本特征的解释无法达成共识，那么这些表现的整个意义就仍然存疑。

相似但更严重的解释问题，困扰着用各种出现在格尔塞时期彩陶上并常与这种彩陶上描绘的船只相伴的图徽来追氏族、地区或小型国家的活动的努力。毫无疑问的是，这些图徽是历史时期仍为人所知的诸神象征，没有理由怀疑，这些诸神在前王朝时期也被奉祀。但试图将每个神祇或图徽看作某特定地区的恩主就产生了许多困难（Vandier 1952：340-342），并会无视所有这些陶器是在数量非常有限的地点产生的可能性。看来没有哪个特定神祇的符号局限在某地，而后来与北部相伴的诸神原来在南方。就像后来的情况，有可能在格尔塞时期许多神祇就在全埃及被奉祀，虽然它们的祭祀中心只在一个特定地区。因此，任何想读懂这些符号的政治意义的努力看来都是有危险的。不管它们具有什么意义，不管它们与什么相伴，它们都很可能是一种纯粹的宗教和神话特点。

图 6-2 所谓的利比亚调色板的正面

不管涉及什么刺激，提尼泰（Thinite，埃及学术语，指埃及统一之前的部落联盟）诸王看来在不到几代人后就控制了埃及，他们的权力曾一度扩大到了努比亚，还有巴勒斯坦（Yeivin 1965）。虽然征服是国家形成的一个要素，但是其发展很可能有赖于这些国王与当地统治者之间的结盟，他们或被允许在以前的领地内保留官职，或在新的国家官僚体制内被授予重要地位。较为重要的当地统治者的忠诚有可能通过与王室家庭联姻来得到保证。一旦控制了剩余产品和整个国家的人力，这些国王就能够支持工匠并以前所未有的规模来从事建筑项目。确实，由于古王国初期发展起来的国家再分配系统高度集中的性质，所以他们很可能是埃及支持这种发展的唯一恩主。于是，并不奇怪的是，统一后出现的并导致了随后几个世纪埃及文明繁荣的主要文化发展，就是宫廷集权的表现。埃及政治上取得了统一，尽管国家作为一个整体在经济和文化发展上仍然处于比较原始的层次。随着一个强大集权政府的出现，全国所有新生的政治机构和经济机构都在王室的控制下。外贸看来被王室垄断了，最好的工匠被国家雇用了。结果，在美索不达米亚帮助建立起都市中心的所有经济发展，在埃及是在一个国家官僚体制内进行的。整个早期历史阶段，埃及艺术和文化上的成就反映了中央政府的权力，并被设计来为国家神祇和上层阶级服务。通过对内部经济、对进口物产以及对工匠的控制，政府能够在很长时间里成为物质回报的唯一来源，采用这个手段就能够有效控制埃及。

马克斯·格卢克曼声称，通过征服而建立的国家只有发展复杂的内部经济或广泛参与外贸，才能取得稳定（Gluckman 1965:

143－144）。这两个因素能够提供有机的统一，因此这种稳定性是
单方国家缺乏的。概括而言，埃及王国看来是一个征服型国家，
通过职业专门化、外贸和复杂官僚行政管理的迅速发展，获得了
罕见的稳定。由于大部分的发展出现在国家建立之后，所以这大
体是在王室的庇护和控制下发生的。这可以解释埃及管理当局高
度集权的性质，古王国时期大部分民众明显很少参与贵族文化。
在古王国行省的墓地里，实际上根本看不出被我们现在看作埃及
文明特点的伟大建筑和艺术成就。美索不达米亚的文明成果在许
多城市国家以及在每个城市中心被无数公民分享，相反，就如王
室陵墓复合体的营建所示，埃及文明的成果是在王室宫廷里消费
的，在很大程度上是被国王个人消费的。早期美索不达米亚没有
营造过埃及金字塔规模的任何建筑，但是大量的美索不达米亚民
众很可能从他们社会的伟大传统中获益并参与其中，并在这一点
上胜过了埃及民众。由于宫廷文明从征服发展而来，古王国埃及
看来在许多方面从结构上要比近东的早期文明更像其他单方国家，
如达荷美（Dahomey）或布干达（Buganda），而埃及人很好地利
用了近东文明的文化资本。

第七章

后记

对史前史的兴趣无需理由。一般认为，了解人类的过去是了 解其现在行为的一个基本方面，人类发展的任何一般性解释都必须能够回答历史记录。

因为史前学家在做研究时没有文献记录，所以他的方法很像古生物学家和历史地质学家采用的方法。这些学科都试图重建过去，并根据所见的历史记录来解释变迁。他们采用的证据主要包括过去的遗存，即地层、生物化石和古文化的人工制品与废弃物。其他证据见于今天的条件中，依靠这些证据来推断过去的情况。这些学科试图利用许多独立的证据线索来重建过去，当这些不同方法得出的结论能够重合，重建的有效性就比较可靠。

史前学不同于自然科学，因为其研究对象是人类及其劳作。因此，对变迁如何发生的任何解释都必须根据对人类行为的充分了解。这说明了史前学与社会科学，特别是文化人类学之间的密切关系。

史前学关注人类发展的所有方面。就像文献历史，它关注于描述和解释社会、经济、政治、人口以及文化的变迁。种族和语言的变迁也是关注的目标。史前学就是以这样的方式成为许多学科的一个交汇点，如考古学、文化历史学和历史语言学。

无论是一般性的史前研究还是世界上任何特定地区的史前研究，都是采取一种证据之间进行对话的形式，也即考古学的、体质人类学或语言学的证据，并用社会科学的理论对它们做出解释。新证据的发现常常会修改现有的历史重建；另一方面，理论的进步也会对现有材料获得新的洞见，也会优化和改善这种重建。在前王朝埃及的案例中，我们看到，大体来自墓葬的证据对于回答许多关于社会和政治发展的问题并不适当，以至于对这些问题的理论兴趣不断上涨。于是，理论的进展也会引导考古学（和语言学）研究沿着全新的方向前进。

直到最近，史前学家用来解释证据的理论大体是随意和含糊不清的。方法论大体关注的是发掘技术和为遗址报告提供考古材料的解释。有时这被称为一个描述的阶段。但在过去几年里，史前学家越来越关注要明确他们历史重建和历史解释的方法。这一发展标志着史前学作为一门学科的成熟。

史前学最早的理论进展之一，就是认识到种族、语言和文化是独立的变量，必须根据其本身的证据来分别观察。虽然人类学家很早就意识到种族、语言和文化各自按其本身的规则而发生变化，各自的历史也遵循了一条独特的轨迹，但是从种族和民族偏见来思考问题的倾向使得利用这种方法十分困难。

更难的是要意识到，史前文化不只是各种特征的集合体，并从它们的总体异同来进行比较，而是应该从每种特征在各系统中所发挥的特定作用来研究。这个已经获得广泛认同的观点也削弱了将考古学文化当作有机边界单位来处理的倾向。这也能使史前学家将对个别特征及其起源和传播的研究与对社会系统发展的研究区分开来，而这些文化特征就是在这种系统中发挥作用的。与对社会系统的这种关注相关的，是日益重视史前聚落形态的研究。

在这些发展的背景里，再次对文化变迁的过程赋予了严重的关切。在过去，常以一种随意的、不加批判的方式求助发明、传播和迁移的过程来作为文化变迁的解释。今天，这些概念已经被重新评估，并努力建立各种标准从考古记录中分辨它们。

希望，目前史前学中正在进行的理论发展能够为充实和更加全面了解人类的过去开辟道路。就像历史学科那样，史前学同样不可能只有一条路径。相反，人类行为所有领域的人类成就都在研究范围内。对于史前学家来说，接触这些成就是有限的，因为史前人类不会通过他们的物质材料直接和我们交谈。考古遗存不是文化，而是文化的产物。而且，就像生物化石是活体生物的一种残缺反映一样，物质遗存也是制造它们的文化的不完整反映。史前学的兴趣与重要性并不在于过去这些记录的完整性，也不在于我们着手解释这些记录的理论能力。相反，它的力量来自古今的人类及其成就。就算考古记录并不完美，它仍然为我们留下了许多值得探索的人类精神的王国。

方法论研究参考文献选读

93　　（本部分引用的所有研究参考文献都在总参考文献中列出。本部分是对重要阅读材料的导读，不是完整的参考文献或本书引用文献的概括。）

　　就像其母学科历史学那样，史前学的导向更倾向于实践而非理论。其方法论文献不多，也不像考古学那样予以了很好的系统陈述，其研究主题看来只是考古学所做研究中的一小部分。直到最近，史前学解释所立足的各种前提大体是含糊不清的，几乎没有什么努力来制定各种程序。正因为如此，方法论通常必须与非方法论倾向的研究区分开来。当阅读关于史前学的遗址报告和一般著作时，同学们应当时刻仔细注意和评估支持所提供之解释的概念。

　　方法论材料不足的一个例外是文化历史领域，在最狭义的意义上根据分布的材料来进行历史的推断。但是，有许多文章的性质是有争议的，它们常常在没有新的洞见或进一步论证的基础上进行重复陈述。正因为如此，这类文章只举一个代表性的例子。

第一章

关于历史学方法的一个讨论，参见 Nagel 1961（第 15 章）。关于历史学和人类学之间的关系，参见 Evans-Pritchard 1962。追溯史前学的发展，参见 Daniel 1963。关于方法的一般讨论，参见 Ehrich 1950、Clark 1953、Rouse 1953、Willey 1953b、C. Hawkes 1954、MacWhite 1956、Piggott 1961；Piggott 1965（导言）和 W. W. Taylor 1948。要注意，美国学者常常在考古学和史前学之间不做区分。

第二章

关于种族、语言和文化之独立性的讨论，参见 Sapir 1921：121 - 235 以及 Boas 1940 中的论文。 ⁹⁴

当下史前学领域最好的研究看来大部分是关注非洲的。用整本书对史前学所谓"综合方法"的最佳讨论，见 McCall 1964。虽然是关注非洲的史前学，但是麦考尔（McCall）提出的观点可以用在任何地方。对各种信息做较短的一般性处理，参见 Murdock 1959a：1 - 47 和 Vansina 1965：173 - 182。采用这项材料来讨论各种问题，参见最近几期的《非洲历史学杂志》（*Journal of African*

History）。波利尼西亚史前综合研究的典范，参见 Suggs 1960。

对考古学技术和考古材料解释方法的介绍可参见许多正规的教材，如 Wheeler 1954、Piggott 1959、Kenyon 1961、De Laet 1957 和 Hole and Heizer 1965。遗址报告的选读，参见 Heizer 1959。许多关注方法论的文章，参见 Brothwell and Higgs 1963。分布研究的参考文献见下面的第四部分。

采用口述传统的主要研究，参见 Vansina 1965。这本书里可查阅更多的参考文献。

当下的研究并没有对体质人类学在史前研究中的作用进行适当的概括。对这些问题的一个调查涉及试图重建种族史，参见 Garn 1962。采用一种多学科方法来重建某种遗传学特征的历史，见 Livingston 1958。

对史前学中语言学作用的经典研究，参见 Sapir 1916。最近关于分布研究的一个讨论，参见 Dyen 1956，而采用语言学材料来研究传播的一个研究典范是 Greenberg 1960。一项关于用语言学材料来重建古文化的讨论，参见 Thieme 1964 和 Friedrich 1966。MacGaffey 1966 讨论了语言学在史前学中的作用。Palmer 1965（特别在第 184-211 页）用考古材料和语言学材料来重建史前史，做了一项很有价值的研究。

第三章

对于人类学中文化概念的讨论，参见 Tallgren 1937、Binford 1962 和 Caldwell 1966。史前学中处理社会概念和文化概念的方法论文献相当少。柴尔德（Childe 1951）对社会变迁与文化变迁进行区别对待时，对这两个概念的区分含糊不清，并能从他在《欧洲社会的史前史》（*The Prehistory of European Society*，1958）和《欧洲文明的曙光》（*The Dawn of European Civilization*，1939）中处理材料的不同方式中看出来。但是，从理论上说，柴尔德几乎没有对这两个概念进行区分。最近，将社会系统作为系统来对待的兴趣是明显的，参见最近 Longacre 1964 和 Longacre 1966 中的文章。

对社会单位和文化单位这两者关系最为系统的处理，参见 *95* MacWhite 1956。有关这个问题的其他参考文献可见本书。

对需要了解功能以便解释考古材料的讨论，参见 Steward and Setzler 1938、W. W. Taylor 1948 和 Sonnenfeld 1962。也参见 Lowie 1912 中的初步分类。

第四章

对发明、传播和迁移最佳的一般性处理，参见 Linton 1936、Kroeber 1948 和 R. B. Dixon 1928。这些研究回顾了许多案例，包括了对早期工作的广泛批评，并提供了许多参考文献。

Steward 1929、Gibson 1948 和 H. C. Moore 1954 讨论了发明；Rogers 1962 和 Service 1964 讨论了传播。关于维也纳学派的方法论，参见 Schmidt 1939 和 Kluckhohn 1936；关于年代区理论（age-area theory），参见 Wissler 1917、Wissler 1923、Wissler 1927、Spier 1921 和 Kroeber 1931。关于幸存的问题，参见 Lowie 1918 和 Hodgen 1931。关于不连续分布，有大量的文献。关于这

些主要研究的文献和批评，参见 Kroeber 1949 和 R. B. Dixon 1928。Linton 1936 题为"历史的重建"的一章特别值得注意。许多比较晚近的研究大体是对原来问题案例的非结论性的再观察。比如，Erasmus 1950 讨论了印度十字游戏（pachisi）和中美洲帕托里游戏（patolli）之间的关系，这最早是泰勒在 1879 年讨论的（Tylor 1879），而 Riley 1952 对喷枪（blow-gun）的早期材料进行了再研究（参见 R. B. Dixon 1928：121）。

对趋同和有限可能性的讨论，参见 Lowie 1912、Goldenweiser 1913、Rands 1956、Rands 1961、Rands and Riley 1958 和 Harris and Morren 1966。最近有关传播的各种特别有意思的研究，参见 Tolstoy 1953、K. A. Dixon 1964、Schroeder 1964 和 Fraser 1966。对大量特征的比较，参见 Sturtevant 1960、Meggers 1964 和 Rowe 1966。

Radcliffe-Brown 1958 的第一章对传播论研究（他所谓的民族学）的批评，对历史学研究特别有意思。

针对新大陆史前期迁移问题的方法论取向的论文集，参见 Thompson 1958。特别要提一下劳斯（Rouse）的总结性文章，还有 Jett 1962。对人群移动与文化变迁之间关系的其他讨论，参见 MacWhite 1956 和 Palmer 1965。

第五章

本书提供了从史前证据来推断社会结构的大部分相关论文文献。有关复杂社会起源的一般性研究，参见 Lowie 1927、Macleod

1924 和 Coe 1961。关于单边理论的一般性说明，参见 Gumplowicz 1963 和 Oppenheimer 1914。关于有机理论，参见 Morgan 1877、Engels 1962、Childe 1942、Steward 1955、Wittfogel 1957 和 White 1949。

第六章

对前王朝埃及材料最透彻的理解和对原始报告的一个完整导   *96*
读，参见 Vandier 1952。遗憾的是，该书没有英译本。对前王朝埃及材料的系统综合，参见 Childe 1934、Baumgartel 1947、Baumgartel 1965、Gardiner 1961、Kantor 1965、Arkell and Ucko 1965 和 Hayes 1965（仅埃及北部）。有关王朝时期之初的信息，参见 Emery 1961 和 Edwards 1964，而对历史时期埃及社会与政治结构做了极为出色的介绍，见 Frankfort 1956。

总参考文献

97 ADAMS, ROBERT M. , 1960a, "Early Civilizations, Sub-sistence and Environment. " C. H. Kraeling and R. M. Adams (eds.), *City Invincible*. Chicago: University of Chicago Press, pp. 269 – 295.

——, 1960b, "The Origin of Cities," *Scientific American*, 203, No. 3: 153 – 168.

——, 1966, *The Evolution of Urban Society: Early Meso-potamia and Prehispanic Mexico*. Chicago: Aldine Publishing Company.

ADAMS, WILLIAM Y. , 1965, "Post-Pharaonic Nubia in the Light of Archaeology Ⅱ . " *Journal of Egyptian Archaeolo-gy*, 51: 160 – 178.

ALDRED, CYRIL, 1965, *Egypt to the End of the Old*

Kingdom. London: Thames and Hudson.

ARKELL, ANTHONY J. , 1957, "Khartoum's Part in the Development of the Neolithic. " *Kush*, 5: 8 – 12.

——, 1959, "Early Shipping in Egypt. " *Antiquity*, 33: 52 – 53.

——, 1961, *A History of the Sudan from the Earliest Times to 1821*. London: Athlone Press.

——, 1963, "Was King Scorpion Menes?" *Antiquity*, 37: 31 – 35.

ARKELL, ANTHONY J. and Peter J. Ucko, 1965, "Review of Predynastic Development in the Nile Valley. " *Current Anthropology*, 6: 145 – 166.

BASCOM, WILLIAM, 1955, "Urbanization Among the Yoruba. " *American Journal of Sociology*, 60: 446 – 454.

BATRAWI, AHMED, 1945—1946, "The Racial History of Egypt and Nubia. " *Journal of the Royal Anthropological Institute*, 75: 81 – 101; 76: 131 – 156.

BAUMGARTEL, ELISE J. , 1947, *The Cultures of Predynastic Egypt*, Vol. I. London: Oxford University Press. (rev. ed. 1955; Vol. II 1960).

——, 1965. "Predynastic Egypt" in *The Cambridge Ancient History*. Vol. I, fascicle 38.

BINFORD, LEWIS R. , 1962, "Archaeology as Anthropology. " *American Antiquity*, 28: 217 – 225.

BLACKMAN, AYLWARD M. , 1916, "Some Remarks on

an Emblem upon the Head of an Ancient Egyptian Birth-Goddess. " *Journal of Egyptian Archaeology*, 3: 199 - 206.

BOAS, FRANZ, 1940, *Race, Language and Culture*. New York: The Macmillan Company.

BRACE, C. LORING, 1964, "The Fate of the Classic Neanderthals: A Consideration of Hominid Catastrophism. " *Current Anthropology*, 5: 3 - 43.

98   BROTHWELL, DON and ERIC HIGGS, 1963, *Science in Archaeology*. New York: Basic Books, Inc.

BUTZER, KARL W. , 1959, "Die Naturlandschaft Ägyptens während der Vorgeschichte und der dynastischen Zeit. " Abhandlungen der Akademie der Wissenschaften und der Literatur (Mainz). *Mathematische-Naturwissenschaftliche*, Klasse No. 2, 1 - 80.

——, 1960, "Archaeology and Geology in Ancient Egypt: Geomorphological Analysis Permits Reconstruction of the Geography of Prehistoric Settlement. " *Science*, 132: 1617 - 1624.

——, 1964, *Environment and Archaeology: An Introduction to Pleistocene Geography*. Chicago: Aldine Publishing Company.

CALDWELL, JOSEPH R. , 1966, " The New American Archaeology. " Joseph R. Caldwell (ed.), *New Roads to Yesterday*. New York: Basic Books, pp. 333 - 347 (originally published in 1959, *Science*, 129: 303 - 307).

CHANG，KWANG-CHIH，1958，"Study of the Neolithic Social Grouping: Examples from the New World." *American Anthropologist*，60: 298 - 334.

———，1962，"A Typology of Settlement and Community Patterns in Some Circumpolar Societies." *Arctic Anthropology*，1: 28 - 41.

CHILDE，V. GORDON，1934，*New Light on the Most Ancient East: The Oriental Prelude to European Prehistory*. London: Routledge and Kegan Paul，Ltd.

———，1939，*The Dawn of European Civilization*，3d ed. London: Routledge and Kegan Paul，Ltd.

———，1942，*What Happened in History*. Baltimore: Penguin Books Inc.

———，1950，"The Urban Revolution." *Town Planning Review*，21: 3 - 17.

———，1951，*Social Evolution*. New York: Abelard-Schuman，Ltd.

———，1956，*Piecing together the Past: The Interpretation of Archaeological Data*. London: Routledge and Kegan Paul，Ltd.

———，1958，*The Prehistory of European Society*. Baltimore，Md. : Penguin Books，Inc.

CLARK，J. GRAHAME D. ，1953，"Archeological Theories and Interpretation: Old World." A. L. Kroeber（ed. ），*Anthropology To-*

day. Chicago: University of Chicago Press, pp. 343 - 360.

COE, MICHAEL D. , 1957, "The Khmer Settlement Pattern: A Possible Analogy with that of the Maya. " *American Antiquity*, 22: 409 - 410.

——, 1961, "Social Typology and Tropical Forest Civilizations. " *Comparative Studies in Society and History*, 4: 65 - 85.

——, 1965, "A Model of Ancient Community Structure in the Maya Lowlands. " *Southwestern Journal of Anthropology*, 21: 97 - 114.

COON, CARLETON S. , 1965, *The Living Races of Man*. New York: Alfred A. Knopf.

DALES, GEORGE F. , 1964, "The Mythical Massacre at Mohenjodaro. " Expedition 6.

DANIEL, GLYN, 1963, *The Idea of Prehistory*. Cleveland: The World Publishing Company.

DEETZ, JAMES, 1965, The Dynamics of Stylistic Change in Arikara Ceramics. Urbana: *Illinois Studies in Anthropology*, No. 4.

DERRY, D. E. , 1956, "The Dynastic Race in Egypt. " *Journal of Egyptian Archaeology*, 42: 80 - 85.

DE LAET, SIGFRIED J. , 1957, *Archaeology and its Problems*. London: Phoenix House Ltd.

DIXON, KEITH A. , 1964, "The Acceptance and Persistence of Ring Vessels and Stirrup Spout-handles in the Southwest. " *American Antiquity*, 29: 455 - 460.

DIXON, ROLAND B. , 1928, *The Building of Cul-tures*. New York: Charles Scribner's Sons.

DYEN, ISIDORE, 1956, "Language Distribution and Migration Theory. " *Language*, 32: 611 - 626.

EDMONSON, MONRO S. , 1961, " Neolithic Diffusion Rates. " *Current Anthropology*, 2: 71 - 102.

EDWARDS, I. E. S. , 1964, "The Early Dynastic Period in   *99* Egypt", in *The Cambridge Ancient History*, Vol. I, fascicle 25.

EHRICH, ROBERT W. , 1950, "Some Reflections on Archaeological Interpretation. " *American Anthropologist*, 52: 468 - 482.

EKHOLM, GORDON F. , 1964, "Transpacific Contacts. " Jennings, Jesse D. and Edward Norbeck (eds.), *Prehistoric Man in the New World*. Chicago: University of Chicago Press, pp. 489 - 510.

EMERY, WALTER B. , 1961, *Archaic Egypt*. Baltimore: Penguin Books, Inc.

ENGELS, FREDERICK, 1962, The Origin of the Family, Private Property and the State. Marx, Karl and Frederick Engels, *Selected Works*, Vol. II. Moscow: Foreign Languages Publishing House, pp. 170 - 327.

ERASMUS, CHARLES J. , 1950, "Patolli and Pachisi, and the Limitation of Possibilities. " *Southwestern Journal of Anthropology*, 6: 369 - 387.

——, 1961, *Man Takes Control*. Minneapolis: University of

Minnesota Press.

EVANS-PRITCHARD, EDWARD E. , 1962, "Anthropology and History." *Essays in Social Anthropology.* London: Faber & Faber, Ltd. , pp. 46 – 65.

FALLERS, LLOYD A. , 1964, "Social Stratification and Economic Processes. " Melville J. Herskovits and M. Harwitz (eds.), *Economic Transition in Africa.* Evanston, Ill. : Northwestern University Press.

FEI, HSIAO-T'UNG, 1953, *China's Gentry : Essays in Rural-Urban Relations.* Chicago: University of Chicago Press.

FORDE, C. DARYLL, 1934, *Habitat, Economy and Society : A Geographical Introduction to Ethnology.* London: Methuen & Co. , Ltd.

FRANKFORT, HENRI, 1948, *Kingship and the Gods.* Chicago: University of Chicago Press.

——, 1956, *The Birth of Civilization in the Near East.* New York: Doubleday & Company.

FRASER, DOUGLAS, 1966, "The Heraldic Woman: A Study in Diffusion. " Douglas Fraser (ed.), *The Many Faces of Primitive Art.* Englewood Cliffs, N. J. : Prentice Hall, Inc. , pp. 36 – 99.

FRIEDRICH, PAUL, 1966, "Proto-Indo-European Kinship. " *Ethnology,* 5: 1 – 36.

GARDINER, ALAN, 1961, *Egypt of the Pharaohs.* Oxford:

Oxford University Press.

GARN, STANLEY M. , 1962, *Human Races*. Springfield, Ill. : Charles C. Thomas, Publisher.

GIBSON, GORDON D. , 1948, "The Probability of Numerous Independent Inventions. " *American Anthropologist*, 50: 362 – 364.

GIMBUTAS, MARIJA, 1963, "The Indo-Europeans: Archaeological Problems. " *American Anthropologist*, 65: 815 – 836.

GLUCKMAN, MAX, 1940, "The Kingdom of the Zulu of South Africa. " Meyer Fortes and E. E. Evans-Pritchard (eds.), *African Political Systems*. London: Oxford University Press, pp. 25 – 55.

——, 1964, *Closed Systems and Open Minds: The Limits of Naivety in Social Anthropology*. Chicago: Aldine Publishing Company.

——, 1965, *Politics, Law and Ritual in Tribal Society*. Chicago: Aldine Publishing Company.

GOLDENWEISER ALEXANDER A. , 1913, "The Principle of Limited Possibilities. " *Journal of American Folklore*, 26: 259 – 292.

GOLDSCHMIDT, WALTER , 1959, *Man's Way*. New York: Holt, Rinehart and Winston, Inc.

GRAEBNER, FRITZ, 1911, *Methode der Ethnologie*. Heidelberg: C. Winter.

GREENBERG, JOSEPH H. , 1955, *Studies in African Linguistic Classification.* New Haven, Conn. : Compass Publishing Company.

——, 1957, *Essays in Linguistics.* Chicago: University of Chicago Press.

——, 1960, "Linguistic Evidence for the Influence of the Kanuri on the Hausa. " *Journal of African History*, 1: 205 – 212.

GRIFFITHS, J. GWYN, 1960, *The Conflict of Horus and Seth.* Liverpool: Liverpool University Press.

GUDSCHINSKY, SARAH C. , 1956, "The ABC's of Lexicostatistics (glottochronology). " *Word*, 12: 175 – 210.

GUMPLOWICZ, LUDWIG, 1963, *Outlines of Sociology.* Irving L. Horowitz (ed.). 2d English language edition. New York: Paine-Whitman.

HARRIS, MARVIN and G. E. B. MORREN, 1966, "The Limitations of the Principle of Limited Possibilities. " *American Anthropologist*, 68: 122 – 127.

HASELBERGER, HERTA, 1961, "Method of Studying Ethnological Art. " *Current Anthropology*, 2: 341 – 384.

HAWKES, CHRISTOPHER, 1954, "Archaeological Theory and Method: Some Suggestions from the Old World. " *American Anthropologist*, 56: 155 – 168.

HAWKES, JACQUETTA and SIR LEONARD WOOLLEY, 1963, *Prehistory and the Beginnings of Civilization.* New

100

York: Harper & Row, Publishers.

HAYES, WILLIAM C., 1965, *Most Ancient Egypt*. Chicago: University of Chicago Press.

HEIZER, ROBERT F., 1959, *The Archaeologist at Work : A Source Book in Archaeological Method and Interpretation*. New York: Harper & Row, Publishers.

——, (ed.), 1962, *Man's Discovery of his Past : Literary Landmarks in Archaeology*. Englewood Cliffs, N. J. : Prentice-Hall, Inc.

HILL, JAMES N., 1966, "A Prehistoric Community in Eastern Arizona." *Southwestern Journal of Anthropology*, 22: 9 – 30.

HODGEN, MARGARET T., 1931, "Doctrine of Survivals." *American Anthropologist*, 33: 307 – 324.

——, 1952, Change and History. *Viking Fund Publications in Anthropology* 18.

HOLE, FRANK and ROBERT F. HEIZER, 1965, *An Introduction to Prehistoric Archaeology*. New York: Holt, Rinehart and Winston, Inc.

HUGHES, GEORGE R., 1966, Review of Lüddekins, Ägyptishe Eheverträge. *Journal of Near Eastern Studies*, 25: 135 – 136.

JETT, STEPHEN C., 1962, "Pueblo Indian Migration: An Evaluation of the Possible Physical and Cultural Determinants."

American Antiquity, 29: 281 - 300.

KAISER, WERNER, 1956, "Stand und Probleme der ägyptlsche Vorgeschichtsforschung." *Zeitscbrijt fur ägyptische Sprache und Altertumskunde*, 81: 87 - 109.

——, 1957, "Zur Inneren Chronologie der Naqadakultur." *Archaeologia Geographica*, 6: 69 - 78.

KANTOR, HELENE J. , 1965, "The Relative Chronology of Egypt and its Foreign Correlations before the Late Bronze Age. " Robert W. Ehrich (ed.), *Chronologies in Old World Archaeology*. Chicago: University of Chicago Press, pp. 1 - 46.

KEES, HERMANN, 1961, *Ancient Egypt*: *A Cultural Topography*. Chicago: University of Chicago Press.

KENYON, KATHLEEN, 1960, *Archaeology in the Holy Land*. London: Ernest Benn, Ltd.

——, 1961, *Beginning in Archaeology*. London: Phoenix House.

KLUCKHOHN, CLYDE, 1936, "Some Reflections on the Method and Theory of the Kulturkreislehre. " *American Anthropologist*, 38: 157 - 196.

——, 1962, *Culture and Behavior*: *Collected Essays of Clyde Kluckhohn*. New York: The Free Press.

KRAELING, CARL H. , and ROBERT M. ADAMS, 1960, *City Invincible*: *A Symposium on Urbanization and Cultural Development in the Ancient Near East*. Chicago: University of Chicago Press.

KROEBER, ALFRED L. , 1925, Handbook of the Indians of California. *Bureau of American Ethnology*, Bulletin 78.

——, 1931, "The Culture-area and Age-area Concepts of Clark Wissler. " S. A. Rice (ed.), *Methods in Social Science*. Chicago: University of Chicago Press, pp. 248 – 265.

——, 1940, "Stimulus Diffusion. " *American Anthropologist*, 42: 1 – 20.

——, 1948, *Anthropology*, new ed. New York: Harcourt, *101* Brace & World, Inc.

——, 1953, "The Delimitation of Civilizations. " *Journal of the History of Ideas*, 14: 264 – 275.

LAMBDIN, THOMAS O. , 1961, "Egypt: Its Language and Literature. " G. Ernest Wright (ed.), *The Bible and the Ancient Near East*. New York: Doubleday and Company, Inc. , pp. 279 – 297.

LEACH, EDMUND, 1954, *The Political Systems of Highland Burma*. Cambridge, Mass. : Harvard University Press.

——, 1960, "The Frontiers of Burma. " *Comparative Studies in Society and History*, 3: 49 – 68.

——, 1961a, *Pul Eliya: A Village in Ceylon*. Cambridge, England: Cambridge University Press.

——, 1961b, *Rethinking Anthropology*. London School of Economics, Monographs on Social Anthropology, No. 22.

LÉVI-STRAUSS, CLAUDE, 1953, "Social Structure."
A. L. Kroeber (ed.), *Anthropology Today*. Chicago: University
of Chicago Press, pp. 524 - 553.

———, 1963, *Structural Anthropology*. New York: Basic
Books, Inc.

LEWIS, HERBERT S., n. d., "Ethnology and African Cul-
ture-History." Paper to be published in the Northwestern
Univ. Program of African Studies Symposium on African Culture
History.

———, 1966, "The Origins of the Galla and Somali." *Journal
of African History*, 7: 27 - 46.

LINTON, RALPH, 1933. The Tanala. Field Museum of
Natural History. *Anthropological Series*, 21: 1 - 334.

———, 1936, *The Study of Man*. New York: Appleton-Cen-
tury-Crofts.

LIVINGSTONE, FRANK B., 1958, "Anthropological Im-
plications of Sickle Cell Gene Distribution in West Africa." *Amer-
ican Anthropologist*, 60: 533 - 562.

LONGACRE, WILLIAM A., 1964, "Archaeology as An-
thropology: A Case Study." *Science*, 144: 1454 - 1455.

———, 1966, "Changing Patterns of Social Integration: A
Prehistoric Example from the American Southwest." *American
Anthropologist*, 68: 94 - 102.

LOUNSBURY, FLOYD G., 1961, "Iroquois-Cherokee Linguistic Relations. " William N. Fenton and John Gulick (eds.), Symposium on Cherokee and Iroquois Culture. Smithsonian Institution: *Bureau of American Ethnology*, Bulletin 180, pp. 11 - 17.

LOWIE, ROBERT H. , 1912, "On the Principle of Convergence in Ethnology. " *Journal of American Folklore*, 25: 24 - 42.

——, 1918, "Survivals and Historical Method. " *American Journal of Sociology*, 23: 529 - 535.

——, 1927, *The Origin of the State*. New York: Harcourt, Brace & World, Inc.

——, 1937, *The History of Ethnological Theory*. New York: Holt, Rinehart and Winston, Inc.

——, 1960, "Some Problems of Geographical Distribution. " Cora DuBois (ed.), *Lowie's Selected Papers in Anthropology*. Berkeley and Los Angeles: University of California Press, pp. 441 - 460.

LOWTHER, GORDON R. , 1962, "Epistemology and Archaeological Theory. " *Current Anthropology*, 3: 495 - 509.

McBURNEY, C. B. M. , 1960, *The Stone Age at Northern Africa*. Baltimore: Penguin Books, Inc.

McCALL, DANIEL F. , 1964, *Africa in Time-Perspective: A Discussion of Historical Reconstruction from Unwritten Sources*. Boston: Boston University Press.

MACGAFFEY, WYATT, 1966, "Concepts of Race in the Historiography of Northeast Africa. " *Journal of African Histo-*

ry, 7: 1 - 17.

MACLEOD, WILLIAM C. , 1924, *The Origin of the State Reconsidered in the Light of Aboriginal North America*. Philadelphia: University of Pennsylvania Thesis.

102   MACNEISH, RICHARDS, 1952, Iroquois Pottery Types: A Technique for the Study of Iroquois Prehistory. Ottawa: National Museum of Canada, Bulletin No. 124.

MACWHITE, EOIN, 1956, "On the Interpretation of Archaeological Evidence in Historical and Sociological Terms. " *American Anthropologist*, 58: 3 - 25.

MARTIN, PAUL S. , GEORGE I. QUIMBY and DONALD COLLIER, 1947, *Indians Before Columbus: Twenty Thousand Years of North American History Revealed by Archeology*. Chicago: University of Chicago Press.

MEGGERS, BETTY J. , 1964. "North and South American Cultural Connections and Convergences. " Jesse D. Jennings and Edward Norbeck (eds.), *Prehistoric Man in the New World*. Chicago: University of Chicago Press, pp. 511 - 526.

MOORE, HARVEY C. , 1954, "Cumulation and Cultural Process. " *American Anthropology*, 56: 347 - 357.

MOORE, STANLEY, 1960, "Marxian Theories of Law in Primitive Society. " Stanley Diamond (ed.), *Culture in History Essays in Honor of Paul Radin*. New York: Columbia University Press, pp. 642 - 662.

MORGAN, LEWIS HENRY, 1871, Systems of Consanguinity and Affinity of the Human Family. *Smithsonian Institution Contributions to Knowledge* 17, No. 218.

——, 1907, *Ancient Society*. Chicago: Chas. Kerr (originally printed 1877).

MURDOCK, GEORGE PETER, 1945, "The Common Denominator of Cultures." Ralph Linton (ed.), *The Science of Man in the World Crisis*. New York: Columbia University Press, pp. 122 – 142.

——, 1949, *Social Structure*. New York: The Macmillan Company.

——, 1959a, *Africa, its Peoples and their Culture History*. New York: McGraw-Hill Book Company, Inc.

——, 1959b, "Cross-language Parallels in Parental Kin Terms." *Anthropological Linguistics*, 1: 91 – 95.

——, 1959c, "Evolution in Social Organization." Betty J. Meggers (ed.), *Evolution and Anthropology: A Centennial Appraisal*. The Anthropological Society of Washington, pp. 126 – 143.

MURRAY, MARGARET A. , 1951, *The Splendour that was Egypt*. London: Sidgwick & Jackson, Ltd.

——, 1956, "Burial Customs and Beliefs in the Hereafter in Pre-Dynastic Egypt." *Journal of Egyptian Archaeology*, 42: 86 – 96.

NADEL, SIEGFRIED F. , 1951, *The Foundations of So-*

cial Anthropology. New York: The Free Press.

NAGEL, ERNEST, 1961, *The Structure of Science: Problems in the Logic of Scientific Explanation.* New York: Harcourt, Brace & World, Inc.

NELSON, NELS C., 1919, "The Archaeology of the Southwest: A Preliminary Report." *Proceedings of the National Academy of Sciences*, 5: 114 - 210.

NEUSTUPNY, EUZEN and JIRI, 1961, *Czechoslovakia before the Slavs.* London: Thames and Hudson.

NIMS, CHARLES M., 1965, *Thebes of the Pharaohs.* London: Elek Books Ltd.

OPPENHEIMER, FRANZ, 1914, *The State.* Indianapolis: The Bobbs-Merrill Company, Inc.

PALMER, LEONARD R., 1965, *Mycenaeans and Minoans: Aegean Prehistory in the Light of Linear B Tablets.* London: Faber & Faber, Ltd. (2nd edition).

PARKER, ARTHUR C., 1916, "The Origin of the Iroquois as Suggested by their Archaeology." *American Anthropologist*, 18: 479 - 507.

PASSARGE, SIEGFRIED, 1940, Die Urlandschaft Ägyptens und die Lokalisierung der Wiege der altägyptischen Kultur. *Nova Acta Leopoldina*, 9: 77 - 152.

PERRY, WILLIAM J., 1923, *The Children of the Sun.* London: Methuen & Company, Ltd.

PETRIE, WILLIAM M. F. , 1901, *Diospolis Parva*. London: Egypt Exploration Fund Memoirs, No. 20.

——, 1939, *The Making of Egypt*. London: Sheldon Press.

PIGGOTT, STUART, 1959, *Approach to Archaeology*. 103 Cambridge, Mass. : Harvard University Press.

——, 1961, *The Dawn of Civilization*. New York: McGraw-Hill Book Company, Inc.

——, 1965, *Ancient Europe from the Beginnings of Agriculture to Classical Antiquity*. Chicago: Aldine Publishing Company.

POPE, MAURICE, 1966, "The Origins of Writing in the Near East. " *Antiquity*, 40: 17 - 23.

POSPISIL, LEOPOLD, 1958, "Social Change and Primitive Law: Consequences of a Papuan Legal Case. " *American Anthropologist*, 60: 832 - 837.

POWELL, T. G. E. , 1958, *The Celts*. London: Thames and Hudson.

RADCLIFFE-BROWN, ALFRED R. , 1957, *A Natural Science of Society*. New York: The Free Press.

——, 1958 (M. N. Srinivas, ed.), *Method in Social Anthropology*. Chicago: University of Chicago Press.

RAGLAN, FITZ Roy, R. S. , 1939, *How Came Civilization*? London: Methuen &. Co. , Ltd.

RANDS, ROBERT L. , 1953, "The Water Lily in Maya Art: A Complex of Alleged Asiatic Origin. " *Bureau of American Ethnology*, Bulletin 151: 75 - 154.

——, 1956, "Comparative Notes on the Hand-eye and Related Motifs. " *American Antiquity*, 22: 247 - 257.

——, 1961, "Elaboration and Invention in Ceramic Tradition. " *American Antiquity*, 26: 331 - 341.

RANDS, ROBERT L. AND. C. L. RILEY, 1958, "Diffusion and Discontinuous Distribution. " *American Anthropologist*, 60: 274 - 297.

REDFIELD, ROBERT, 1941, *The Folk Culture of Yucatan*. Chicago: University of Chicago Press.

——, 1947, "The Folk Society. " *American Journal of Sociology*, 52: 293 - 308.

REED, CHARLES A. , 1960, "A Review of the Archaeological Evidence on Animal Domestication in the Prehistoric Near East. " Robert J. Braidwood and Bruce Howe (eds.), *Prehistoric Investigations in Iraqi Kurdistan*. Chicago: University of Chicago Press, pp. 119 - 145.

RILEY, CARROLL L. , 1952, "The Blowgun in the New World. " *Southwestern Journal of Anthropology*, 8: 297 - 319.

ROGERS, EVERETT M. , 1962, *Diffusion of Innovations*. New York: The Free Press.

ROUSE, IRVING, 1953, "The Strategy of Culture History. "

A. L Kroeber (ed.), *Anthropology Today*. Chicago: University of Chicago Press, pp. 57 - 76.

———, 1958, "The Inference of Migrations from Anthropological Evidence." Raymond H. Thompson (ed.), *Migrations in New World Culture History*. Tucson, Ariz.: University of Arizona, Social Science Bulletin, No. 27, pp. 63 - 68.

———, 1960, "The Classification of Artifacts in Archaeology." *American Antiquity*, 25: 313 - 323.

———, 1964, "Prehistory of the West Indies." *Science*, 144: 499 - 513.

———, 1965, "The Place of 'Peoples' in Prehistoric Research." *Journal of the Royal Anthropological Institute*, 95: 1 - 15.

ROWE, JOHN HOWLAND, 1966, "Diffusionism and Archaeology." *American Antiquity*, 31: 334 - 337.

SANDERS, WILLIAM T., 1965, The Cultural Ecology of the Teotihuacan Valley. *A Preliminary Report of the Results of the Teotihuacan Valley Project*. Department of Sociology and Anthropology, The Pennsylvania State University.

SAPIR, EDWARD, 1916, Time Perspective in Aboriginal American Culture. Canada Department of Mines, Memoir, No. 90.

———, 1921, *Language, an Introduction to the Study of Speech*. New York: Harcourt, Brace & World, Inc.

SCHMIDT, WILHELM, 1939, *The Culture Historical Method*

of Ethnology, trans. S. A. Sieber. New York: Fortuny's.

104   SCHROEDER, ALBERT H. , 1964, "Unregulated Diffusion from Mexico into the Southwest Prior to A. D. 700. " *American Antiquity*, 30: 297 – 307.

SEARS, WILLIAM H. , 1961, "The Study of Social and Religious Systems in North American Archaeology. " *Current Anthropology*, 2: 223 – 246.

SEBAG, LUCIEN, 1964, *Marxisme et Structuralisme*. Paris: Payot.

SELIGMAN, CHARLES G. and MARGARET A. MURRAY, 1911, " Note Upon an Early Egyptian Standard. " *Man*, 11: 165 –171.

SEMENOV, S. A. , 1964, *Prehistoric Technology: An Experimental Study of the Oldest Tools and Artifacts from Traces of Manufacture and Wear*. London: Cory, Adams and MacKay.

SERVICE, ELMAN R. , 1964, "Archaeological Theory and Ethnological Fact. " Robert A. Manners (ed.), *Process and Pattern in Culture*. Chicago: Aldine Publishing Company, pp. 364 – 375.

SHARP, ANDREW, 1957, *Ancient Voyagers in the South Pacific*. Baltimore, Md. : Penguin Books, Inc.

SJOBERG, GIDEON, 1960, *The Preindustrial City*. New York: The Free Press.

SMITH, GRAFTON ELLIOT, 1915, *The Migrations of*

Early Culture. Manchester: Manchester University Press.

——, 1924, *Elephants and Ethnologists*. New York: E. P. Dutton & Com. , Inc.

SMITH, HARRY S. , 1964, "Egypt and C^{14} Dating. " *Antiquity*, 38: 32 - 37.

SMITH, WILLIAM STEVENSON, 1958, *The Art & Architecture of Ancient Egypt*. Baltimore: Penguin Books.

SONNENFELD, J. , 1962, "Interpreting the Function of Primitive Implements. " *American Antiquity*, 28: 56 - 65.

SPIER, LESLIE, 1921, "The Sun Dance of the Plains Indians: Its Development and Diffusion. " American Museum of Natural History, *Anthropological Papers*, 16: 7.

STENBERGER, MARTEN, n. d. , *Sweden*. London: Thames and Hudson.

STEWARD, JULIAN H. , 1929, "Diffusion and Independent Development: A Critique of Logic. " *American Anthropologist*, 31: 491 - 495.

——, 1942, "The Direct Historical Approach to Archaeology. " *American Antiquity*, 7: 337 - 343.

——, 1955, *Theory of Cultural Change*. Urbana, Ill. : University of Illinois Press.

——, 1960, "Some Implications of the Symposium. " Julian Steward, et al. , *Irrigation Civilizations: A Comparative Study*. Washington, D. C. : Pan American Union, Social Science

Monographs 1, pp. 58 - 78.

STEWARD, JULIAN H. and F. M. SETZLER, 1938, "Function and Configuration in Archaeology. " *American Antiquity*, 4: 4 - 10.

STURTEVANT, WILLIAM C. , 1960, "The Significance of Ethnological Similarities between Southeastern North America and the Antilles. " New Haven, Conn. : *Yale University Publications in Anthropology*, No. 64.

SUGGS, ROBERT C. , 1960, *The Island Civilizations of Polynesia.* New York: Mentor Books, New American Library.

TALLGREN, A. M. , 1937, "The Method of Prehistoric Archaeology. " *Antiquity*, 11: 152 - 161.

TAYLOR, WALTER W. JR. , 1948, A Study of Archaeology. *Memoirs of the American Anthropological Association*, No. 69.

TAYLOR, WILLIAM E. JR. , 1966, "An Archaeological Perspective on Eskimo Economy. " *Antiquity*, 40: 114 - 120.

THIEME, PAUL, 1964, "The Comparative Method for Reconstruction in Linguistics. " Dell Hymes (ed.) *Language in Culture and Society.* New York: Harper & Row, Publishers, pp. 585 - 598.

THOMPSON, RAYMOND H. , 1958, *Migrations in New World Culture History.* Tucson: University of Arizona: *Social Science Bulletin*, No. 27.

TOLSTOY, PAUL, 1953, "Some Amerasian Pottery Traits

in North Asian Prehistory. " *American Antiquity*, 19: 25 - 40.

TRIGGER, BRUCE G. , 1965, History and Settlement in 105
Lower Nubia. New Haven, Conn. : *Yale University Publications
in Anthropology*, No. 69.

——, 1966a, "The Languages of the Northern Sudan: an His-
torical Perspective. " *Journal of African History*, 7: 19 - 25.

——, 1966b, "Sir Daniel Wilson: Canada's First Anthropol-
ogist. " *Anthropologica*, 8: 1 - 28.

TYLOR, EDWARD B. , 1879, "On the Game of Patolli in
Ancient Mexico and its Probably Asiatic Origin. " *Journal of the
Royal Anthropological Institute*, 8: 116 - 129.

——, 1889, "On a Method of Investigation of the Develop-
ment of Institutions, Applied to Laws of Marriage and Descent. "
Journal of the Royal Anthropological Institute, 18: 245 - 269.

VANDIER, JACQUES, 1952, Manuel d'Archéologie Egyptienne,
Vol. I. *Les époques de formation: la préhistoire*. Paris: Edition A. et
J. Picard et Cie.

VANSINA, JAN, 1965, *Oral Tradition: A Study in His-
torical Methodology*. Chicago: Aldine Publishing Company.

WALLACE, ANTHONY F. C. , 1961, *Culture and Per-
sonality*. New York: Random House, Inc.

WEBER, MAX, 1958, *The City*. New York: The Free
Press.

WHEELER, ROBERT E. M. , 1954, *Archaeology from*

the Earth. Oxford: Clarendon Press.

WHITE, LESLIE, 1949, *The Science of Culture*. New York: Grove Press, Inc.

WILLEY, GORDON R. , 1953a, "A Pattern of Diffusion-Acculturation. " *Southwestern Journal of Anthropology*, 9: 369–384.

——, 1953b, "Archaeological Theories and Interpretation: New World. " A. L. Kroeber (ed.), *Anthropology Today*. Chicago: University of Chicago Press, pp. 361–385.

WILLEY, GORDON R. and PHILIP PHILLIPS, 1958, *Method and Theory in American Archaeology*. Chicago: University of Chicago Press.

WILSON, DANIEL, 1851, *The Archaeology and Prehistoric Annals of Scotland*. London: MacMillan & Company, Ltd.

WISSLER, CLARK, 1917, *The American Indian*. New York: McMurtrie.

——, 1923, *Man and Culture*. New York: Thomas Y. Corwell Company.

——, 1927, *The Relation of Nature to Man in Aboriginal America*. London: Oxford University Press.

WITTFOGEL, KARL A. , 1957, *Oriental Despotism: A Comparative Study of Total Power*. New Haven, Conn. : Yale University Press.

——, 1959, "The Theory of Oriental Society. " Morton H. Fried (ed.), *Readings in Anthropology*, Vol. 2. New York:

Thomas Y. Crowell Company, pp. 94 – 113.

WOLF, ERIC, 1951, "The Social Organization of Mecca and the Origins of Islam." *Southwestern Journal of Anthropology*, 7: 329 – 355.

WRIGHT, JAMES V. , 1965, "A Regional Examination of Ojibwa Culture History." *Anthropologica*, 7: 189 – 227.

YEIVIN, SAMUEL, 1965, "Some Remarks on the Early Protodynastic Period." Paper read at the Annual Meeting of the American Research Center in Egypt, 1965.

ZUIDEMA, R. T. , 1964, *The Ceque System of Cuzco*. Leiden: Brill.

图书在版编目（CIP）数据

如何探究史前史/（加）布鲁斯·G. 特里格
（Bruce G. Trigger）著；陈淳译 . -- 北京：中国人民
大学出版社，2023.8
ISBN 978-7-300-31705-2

Ⅰ.①如… Ⅱ.①布… ②陈… Ⅲ.①石器时代考古
-研究方法-世界 Ⅳ.①K861.1

中国国家版本馆 CIP 数据核字（2023）第 085075 号

如何探究史前史

〔加〕布鲁斯·G. 特里格（Bruce G. Trigger）　著

陈　淳　译

Ruhe Tanjiu Shiqian Shi

出版发行	中国人民大学出版社	
社　　址	北京中关村大街 31 号	**邮政编码**　100080
电　　话	010 - 62511242（总编室）	010 - 62511770（质管部）
	010 - 82501766（邮购部）	010 - 62514148（门市部）
	010 - 62515195（发行公司）	010 - 62515275（盗版举报）
网　　址	http://www.crup.com.cn	
经　　销	新华书店	
印　　刷	北京尚唐印刷包装有限公司	
开　　本	890 mm×1240 mm　1/32	**版　次**　2023 年 8 月第 1 版
印　　张	6.25 插页 4	**印　次**　2023 年 8 月第 1 次印刷
字　　数	129 000	**定　价**　49.00 元